어떻게 원하는 인생을 살 것인가

어떻게 원하는 인생을 살 것인가

양현길 지음

다른
상상

비교 속에서 흔들리는 당신에게

"어떻게 원하는 인생을 살 것인가?" 처음으로 이 질문을 진지하게 마주한 건, 아이러니하게도 삶이 가장 안정되어 가던 시절이었다.

매일 같은 시간에 일어나 같은 길로 출근했다. 회사에서도 인정받았고, 가정도 평온했다. 문제없는 삶이라 믿었다. 그런데 어느 날 퇴근길, 지하철 창문에 비친 내 얼굴을 보다가 문득 낯선 기분이 들었다. 오늘도 열심히 살았지만, 이 삶이 내 선택인지 그저 흘러가는 대로 사는 것인지 알 수 없었다.

그러다 문득 스마트폰을 꺼냈다. 피드에는 비슷한 나이의 누군가가 창업에 성공했다는 소식이 올라와 있었다. 또 다른 누군가는 퇴사 후 원하던 일을 시작했다고 했다. 나는 그 게시물에 '좋아요'를 누르며 내 안의 무언가가 조용히 가라앉는 것을 느꼈다.

우리는 어쩌면 역사상 가장 많이 비교당하는 시대를 살고 있다. 스마트폰을 여는 순간, 타인의 빛나는 삶이 화면을 채우고, 내 삶과 자연스레 대비된다. 나는 지금 잘 살고 있는 걸까? 저 사람처럼 살아야 하는 걸까? 나는 왜 이 모양인 걸까?

비교는 동기가 되기도 하지만, 대부분은 상처가 된다. 남의 기준으로 나의 속도를 가늠하다 보면 어느새 내가 원하는 것이 무엇인지조차 흐릿해진다. 원하는 삶이 아니라, 남들이 부러워할 삶을 욕망하게 된다. 그래서 지금 이 질문이 더욱 절실하다.

내가 원하는 삶은 무엇이고, 어떻게 원하는 삶을 살 것인가?

이 물음은 오래전부터 인류가 붙들어 온 철학의 핵심이다. 헨리 데이비드 소로는 그 답을 찾기 위해 숲으로 들어갔고, 알베르 카뮈는 부조리한 세상 속에서도 자신의 삶을 긍정하는 법을 물었다. 에픽테토스는 내가 통제할 수 없는 것에 집착하지 말라고 가르쳤다.

그들 모두, 이 질문과 평생 씨름했다. 이 책은 그 씨름의 흔적들을 모은 것이다. 동서양의 위대한 철학자들이 남긴 문장들이 지혜를 더해줄 것이다. 하루에 하나씩, 딱 한 문장. 그것을 읽고 잠깐 멈추는 것으로 충분하다. 거창한 변화는 필요 없다. 하루 한 문장이 쌓이다 보면, 어느 날 문득 스스로에게 던지는 질문의 깊이가 달라져 있음을 발견하게 된다.

내가 진짜 원하는 삶은 무엇인가? 그 질문과 함께 150일을 걸어가 보자. 인생의 방향이 선명해지는 순간이 올 것이다.

오늘, 여기서 시작해도 늦지 않다.

| 차례 |

[2장] 어제와 같은 생각으로 다른 인생을 기대하는가
– 변화를 일으키는 생각법 · 79

[4장] 유한한 삶, 무엇을 할 것인가 - 시간을 대하는 태도 •203

[5장] 포기할 것인가, 돌파할 것인가
- 미래를 위한 혜안 · 265

1장

어떻게 살 것인가
– 삶의 방향을 재설정하는 법

인생의 본질에 다가가기

내가 숲속으로 들어간 것은 인생을 의도적으로 살고 싶었기 때문이다.
즉, 인생의 본질적인 사실에만 직면해도
인생의 가르침을 배울 수 있는지 확인해 보고 싶었고,
죽을 때 내가 인생을 헛산 게 아니었음을 깨닫고 싶었기 때문이다.
나는 삶이 아닌 삶을 살고 싶지 않았다.

—헨리 데이비드 소로, 《월든》

우리는 어떻게 삶의 본질에 가까워질 수 있을까? 헨리 데이비드 소로는 1845년, 매사추세츠주 콩코드에 있는 월든호수 근처 숲속으로 들어갔다. 그곳에서 작은 집을 손수 짓고 2년 2개월 동안 살았다. 소로는 외부 세계의 소음에서 벗어나, 자기 내면의 소리를 듣기 위해 자연 속으로 들어갔다.

현대 사회에서 우리는 바쁜 일정과 물질주의에 파묻혀 자신이 무엇을 위해 살아가는지조차 잊고 살아간다.

소로는 도시의 번잡함과 인간관계에서 비롯되는 피로, 끝없는 소비 욕망으로부터 한 걸음 물러났다. 그리고 고요함 속에서 더 깊은 삶의 방향을 찾고자 했다. 자연 속의 고독은 그에게 외부의 기준이 아닌, 자신만의 방식으로 삶을 설계할 기회를 주었다.

우리도 소로처럼 삶의 본질에 다가가기 위한 시도를 할 수 있다. 그렇다고 꼭 숲속으로 들어갈 필요는 없다. 일상에서도 얼마든지 '세상과의 거리 두기'를 실천할 수 있다. 물리적 거리보다 중요한 것은 정신적 거리다. 디지털 기기에서 한 걸음 물러나 조용히 사색하거나, 불필요한 소비를 줄이고 단순한 삶을 선택하는 것이 삶의 본질에 다가가는 출발점이 될 수 있다.

삶의 본질에 다가가는 여정은 결국 바깥이 아닌, 내면을 향한 길이다. 삶의 진정한 방향은 누군가가 정해 주는 것이 아니라, 고요 속에서 마주한 나에게 던진 질문 속에서 드러난다.

마음에 새겨 보세요

나는 나의 목적이 된다

인간은 인간 자신의 목적이다.
그의 하나밖에 없는 목적이다.

— 알베르 카뮈, 《시지프 신화》

우리가 왜 살아야 하는지, 그 이유를 찾는 일은 쉽지 않다. 그래서 우리는 종종 다른 누군가가 설정한 목적을 그대로 받아들인다. 성공, 돈, 학벌 같은 것들은 대부분 타인이 미리 규정해 둔 삶의 목표들이다. 하지만 그것이 진짜 삶의 의미일까? 그 모든 것이 정말 내 것일까?

사실, 이 세상에 태어난 이유는 아무도 모른다. 우리는 자신의 의지로 살아간다기보다 그저 주어진 하루를 넘기며 같은 장면을 되풀이한다. 어쩌면 삶의 의미는 애초에 존재하지 않을지도 모른다. 다만 의미가 있을 것이라는 불확실한 믿음만이 우리를 지탱할 뿐이다. 우주도 세상도 우리가 왜 태어났는지 말해 주지 않는다. 어떻게 살아야 할지 가르쳐 주지도 않는다.

답은 하나다. 삶의 의미를 스스로 만드는 것. 남이 정해 준 목적에 기대지 말고, 자신의 삶을 스스로 책임져라. 그 일을 대신해 줄 사람은 없다. 누구를 탓할 수도 없다. 우리는 세상의 불친절함을 원망하며 살아갈 수도 있고, 반대로 냉혹한 현실마저 내 것으로 받아들일 수도 있다. 그 현실 속에서 나만의 것들을 하나씩 만들어 가며 살아갈 수 있다.

어떤 길을 택할지는 오직 나에게 달려 있다. 삶의 허무를 받아들이는 순간, 우리는 비로소 삶의 주인이 될 수 있다. 어떤 사람이 될지, 어떤 삶을 살아갈 것인지에 대한 답은 어디에도 없다.

인생은 우리에게 질문을 던지지 않는다. 질문을 던지고 답을 찾아야 하는 존재는 바로 우리 자신이다. 내 인생의 의미도 목적도 오로지 나로부터 시작되기 때문이다.

마음에 새겨 보세요

자신을 포용할 줄 아는 사람

자신의 그림자와 빛을 동시에 인식하는
사람은 자신을 양면에서 바라보게 되며,
그로 인해 중심에 도달한다.

—카를 융, 《영혼을 찾는 현대인》

사람들은 종종 "진정한 나를 찾고 싶다"라고 말한다. 하지만 실제로는 '있는 그대로의 나'를 발견하기보다, '괜찮아 보이는 나'가 되기 위해 노력한다. 예컨대 여유롭고, 친절하며, 감정을 잘 조절하고, 모든 관계에서 균형을 이루는 이상적인 모습을 추구한다.

그러다 어느 날 자신의 부정적인 모습을 발견한다. 감정이 폭발하거나, 질투심이 올라오거나, 누군가를 향해 날카로운 말을 내뱉는 순간들이 그렇다. 이때 우리는 스스로에게 실망하고, "나는 왜 이럴까?"라며 자책하거나 이상적인 나와 어긋난 자신을 부정하기도 한다.

카를 융은 진정한 자기 이해는 '좋은 면'뿐만 아니라 '불편한 면'까지 함께 들여다보는 데서 시작된다고 말한다. 자신을 알아가는 과정은 나의 불완전함을 인정하는 데서 출발한다. 빛만 보려는 사람은 결국 어둠에 눈이 멀게 된다.

자신의 그림자까지 인식하는 사람만이 자신을 온전히 마주할 수 있다. 진짜 나를 찾으려면 먼저 있는 그대로의 나를 전체적으로 바라보아야 한다. 나의 부정적인 생각, 감정에 쉽게 흔들리는 모습, 무너지는 순간마저 정직하게 들여다보는 용기가 필요하다. 그렇게 부정적이고, 부족하고, 낯설고, 불편한 나를 함께 껴안을 때 비로소 나는 온전해진다.

나의 다양한 모습들을 포용할 줄 아는 사람만이 어떤 순간에도 흔들리지 않고 중심을 잡는다. 진짜 나로 살아간다는 건 나를 고쳐 쓰는 일이 아니라, 깊이 이해하는 일이다.

마음에 새겨 보세요

틀에서 벗어나, 자신의 색깔대로 살아가자

雉十步一啄 百步一飲 不期畜乎樊中(치십보일탁 백보일음 불기축호번중)
꿩은 열 걸음에 한 번 쪼고, 백 걸음에 한 번 물을 마시지만,
울타리 안에 길러지기를 바라지 않는다.

— 장자, 《장자내편》〈양생주〉

새장 안에 꿩 한 마리가 갇혀 있었다. 사람들은 꿩에게 맛있는 먹이를 주었다. 새장에는 시원한 물도 가득했고, 안전한 보금자리까지 마련되어 있었다. 그러나 꿩은 불안했다. 넓은 하늘 아래서 자유롭게 날아다니던 날이 그리웠다. 아무리 먹을 것이 풍족하고 편해도 새장 속에 갇힌 삶은 숨 막히는 감옥과 같았다.

꿩은 결코 가둬지는 삶을 원하지 않았다.

이는 단지 꿩만의 이야기가 아니다. 우리 역시 마찬가지다. 많은 사람들은 사회가 정해 놓은 틀 안에서 안정감을 찾으려 한다. 하지만 진정한 삶은 그 틀을 벗어나는 순간부터 시작된다.

세상은 끊임없이 우리에게 기준을 강요한다. "안정적인 직장을 가져야 한다." "이 정도 나이가 되면 결혼해야 한다." "남들처럼 살아야 실패하지 않는다." 하지만 이런 규칙들은 정말 나를 위한 것일까? 꿩이 새장 안의 삶을 거부했듯이, 우리도 자신만의 색을 잃어가는 삶을 거부해야 한다.

틀 안에서 길들어지기를 원하지 않는다면, 스스로 울타리 밖으로 나가야 한다.

물론 울타리 안의 삶은 편안할 수 있다. 하지만 그 편안함은 자유를 잃는 대가로 얻어진 것이다. 남들이 만들어 놓은 기준에 안주하는 순간, 우리는 더 이상 '우리 자신'으로 살지 못한다. 인생은 한 번뿐이다. 우리는 각기 고유한 색을 가진 존재다. 누구나 자신만의 길을 갈 수 있고, 그 길은 정해진 것이 아니다.

스스로에게 물어보자. 나는 지금 어디에 있는가? 남들이 만들어 놓은 틀 안에서 보호받고 있는가, 아니면 새장 밖에서 자유롭게 나의 색을 펼치고 있는가? 선택은 우리의 몫이다. 다만, 한 가지는 분명하다. 진정한 삶은, 새장 밖에서 시작된다.

마음에 새겨 보세요

문제는 반복되지 않는다, 내가 반복될 뿐

우리는 삶의 여정에서
수천 가지 모습으로 변장한 자신을 반복해서 만난다.

—카를 융, 《기억 꿈 사상》

살다 보면 똑같은 문제가 계속 반복되는 것처럼 느껴질 때가 있다. 다른 직장, 다른 연애, 다른 사람인데도 결국 비슷한 상황, 감정, 그리고 비슷한 결말에 이르게 된다. "왜 나는 항상 이 모양일까?" "어쩌다 또 이런 사람을 만났을까?"

반복되는 건 문제가 아니라 나의 행동이다. 나라는 존재가 전혀 바뀌지 않았기 때문이다. 더 정확히는, 내 무의식이 여전히 그대로이기 때문이다. 무의식은 어린 시절의 결핍, 관계에서 받은 상처, 인정받고 싶은 욕망, 버려질까 두려운 감정들로 구성된다. 그리고 무의식은 나도 모르게 인생에서 같은 문제를 반복적으로 만들어 낸다.

예를 들어, 늘 '나만 애쓰는 연애'를 반복하는 사람이 있다면, 그것은 상대의 문제가 아니라 '사랑받기 위해 애써야 한다'는 오래된 자신의 믿음이 작동하고 있을 가능성이 크다. 그런 사람은 자신에게 무심한 상대에게 '끌림'을 느껴서, 결국 그런 사람과 사귀게 된다. 그리고 무심하게 다시 상처를 받는다. 반복은 무의식의 결과다. 겉으로는 달라진 것처럼 보여도, 무의식이 그대로라면 삶은 도돌이표처럼 제자리로 돌아온다.

무의식에서 벗어나기 위한 첫걸음은 자신의 반복 패턴을 인식하는 것이 먼저다. 반복되는 감정, 되풀이되는 상황, 매번 후회로 끝나는 선택들. 이 모두가 나에게 보내는 신호다. 그 신호를 알아차리지 못하면, 우리는 같은 결과를 계속 반복할 수밖에 없다. 그래서 우리는 멈춰 서서 자신을 바라보는 연습을 해야 한다. 가장 좋은 방법은 글쓰기다.

하루 중 단 5분이라도 반복된 감정이 나타난 순간을 적어 보자. 언제 내가 민감하게 반응하는지, 무엇에 반복적으로 끌리는지를 써 보는 것이다. 글로 적는 것만으로도 흐릿했던 무의식의 패턴이 뚜렷하게 드러날 것이다.

마음에 새겨 보세요

가능성은 주어지지 않는다, 만들어라

인간은 자신이 무엇을 할 수 있는지 예측하지 못한다.
직접 뭔가를 해야만 비로소 자기 능력을 깨닫게 된다.

—랠프 월도 에머슨,《자기 신뢰》

우리는 종종 스스로 한계를 정해 버린다. '저건 내가 해낼 수 있는 일이 아니야.' '저 사람처럼 되는 건 애초에 불가능해.' 아직 시도조차 해보지 않았는데, 결과를 미리 단정 짓고 스스로 포기한다. 하지만 처음에는 불가능해 보이는 일도 막상 부딪혀 보면 의외로 해낼 때가 많다. 특히 뭔가를 시작할 때 그렇다. 수영을 처음 배울 때, 자전거를 처음 탈 때, 새로운 직장에 도전할 때, 우리는 늘 '정말 할 수 있을까? 하고 스스로를 의심한다. 그러나 계속 시도하다 보면 어느 순간 이미 해내고 있는 자신을 발견한다.

나의 가능성은 생각만으로 결정되지 않는다. 행동을 통해 드러난다. 그리고 나를 가로막는 가장 큰 장벽은 '두려움'이다. 실패할까 봐, 남들이 비웃을까 봐, 기대만큼 잘하지 못할까 봐 시도조차 하지 못하게 만드는 부정적인 생각들이 나를 멈춰 세운다. 그래서 행동하기 전에는 모든 일이 막막해 보인다.

일단 시작하라. 두려움은 움직이는 동안에 사라진다. 우리가 해낼 수 있는 일은, 자신이 생각하는 것보다 훨씬 많다.

그렇다면 우리는 무엇을 해야 할까. 답은 간단하다. 하고 싶은 일이 있다면, 망설이지 말고 시작하는 것이다. 완벽한 준비는 없다. 처음에는 부족해 보일지라도, 그 경험 자체가 우리를 성장시킨다.

에머슨의 말처럼, 우리는 행동을 통해서만 자신의 능력을 깨닫는다. 그러니 고민하기보다는 움직여야 한다.

결국 우리는 시도한 만큼 자신을 알게 된다. 인생은 예측하는 것이 아니라, 직접 만들어 가는 것이다. 무엇이든 시도해 보라. 그 길 끝에서, 지금의 자신이 상상하지 못했던 능력을 발견하게 될 것이다.

마음에 새겨 보세요

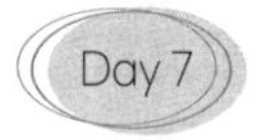

자기 자신을 위한 배움

君子之學也 入乎耳 箸乎心 布乎四體 形乎動靜
(군자지학야 입호이 저호심 포호사체 형호동정)
군자의 배움은 귀를 통해서 들어오고,
마음으로 들어가 온몸으로 퍼져 행동으로 드러난다.

— 순자, 《순자》 〈권학편〉

누군가에게 인정받기 위해 무언가를 배우려 할 때가 있다. 좋은 대학에 가기 위해, 좋은 직장을 얻기 위해, 혹은 누군가에게 '괜찮은 사람'으로 보이기 위해 책을 읽고, 자격증을 따고, 지식을 쌓는다.

하지만 이처럼 외부로부터 시작된 동기는 늘 평가와 비교를 불러온다. 점수, 인증, 칭찬, 박수 같은 외적 기준이 만들어지고, 거기에 맞추다 보면 배움은 수단이 되고 본래의 목적은 흐려진다. 영어로 말할 줄은 모르나 토익 점수는 높은 사람, 책을 많이 읽는다고 하는데 삶의 태도는 변하지 않는 사람, 자격증은 많아도 정작 그 일을 좋아하지 않는 사람이 있다. 이들은 모두 외부의 기준을 충족시키기 위해 배움을 '소비'한 사람들이다.

반대로, 진짜 배움은 내면에서 흘러나온다. 그것은 스스로의 삶을 더 나아지게 하고 싶다는 간절함, 혼란과 무력감 속에서 무언가를 바꾸고자 하는 절실함에서 비롯된다. 우울한 감정을 이해하고자 심리학 책을 펼치는 사람, 아이의 미래가 걱정되어 육아책을 읽는 부모, 삶의 답을 찾기 위해 철학책을 꺼내 드는 사람들이 있다.

이들은 모두 더 나은 자신을 위해 배우는 사람들이다. 이들은 위기 앞에서도 쉽게 무너지지 않고, 성공 앞에서도 자신을 잃지 않으며, 남과 비교하기보다 어제의 나를 넘어서려는 마음을 갖추려 한다.

결국, 자기 자신을 위한 배움은 인생을 단단하게 만든다.

마음에 새겨 보세요

욕망을 다스리는 법

신중함은 모든 덕목의 시작이며
가장 큰 선(善)이다.

— 에피쿠로스, 《메노이케우스에게 보낸 편지》

오늘날 우리는 유혹이 넘쳐나는 시대에 살고 있다. 클릭 몇 번으로 원하는 정보를 바로 얻고, 짧은 영상과 광고는 끊임없이 우리의 감각을 자극한다. 그러나 충동적인 행동은 결국 공허함만 남긴다. 순간의 쾌락은 금세 사라지고, 마음에는 허전함만이 스며든다.

처음에는 작은 자극만으로도 만족스러웠던 것이, 반복될수록 그 효과는 점점 무뎌지고, 더 강하고 더 자극적인 것을 찾게 된다. 이른바 '쾌락의 내성'이다. 단것을 자주 먹다 보면 단맛에 둔감해지고, 짧은 영상에 익숙해지면 긴 글을 읽는 일이 고통스럽게 느껴지는 것처럼, 감각은 빠르게 길들고 무뎌진다. 결국 우리는 행복을 좇고 있다고 믿지만, 사실은 불안을 달래기 위해 중독된 감각에 매달리고 있을 뿐이다.

이처럼 감각적 쾌락은 지속되지 않을 뿐 아니라, 그 자체로 새로운 욕망을 낳는다. 충족은 오래가지 않고, 다음 자극을 갈망하게 만든다.

그사이 우리는 지속적인 갈망과 피로, 그리고 무기력 사이를 오가며 점점 자기 자신을 잃어 간다.

그래서 필요한 것은, 욕망을 없애는 일이 아니라 욕망을 선별하는 힘, 곧 분별력이다. 이를 기르기 위해 꼭 필요한 것이 바로 신중함이다. 신중함은 감정이 요동칠 때, 즉각 반응하지 않고 한걸음 물러나 바라볼 수 있는 거리를 만들어 준다. 어떤 말이 목 끝까지 차오를 때, 바로 뱉지 말고 잠시 숨을 고르라. 무언가 사고 싶을 때도, 정말 필요한 것인지 물어보라. 이처럼 잠시 멈추고 바라보는 훈련이 바로 신중함의 실천이다.

결국 신중함은 삶의 중심을 지키는 능력이다. 기분에 따라 흔들리고, 상황에 따라 휩쓸리는 삶에서 벗어나, 내가 정한 방향으로 걸어가게 해 주는 내면의 균형추다. 욕망은 사라지지 않는다. 하지만 그 욕망이 나를 이끄는 것이 아니라 내가 욕망을 주도하는 삶을 살아야 한다. 그것이 바로 신중함이 인생을 끌고 갈 수 있는 이유다.

마음에 새겨 보세요

인생은 예측이 아니라 만들어 나가는 것

미래를 예측하는 유일한 방법은
미래를 형성할 힘을 가지는 것이다.

— 에릭 호퍼, 《시작과 변화를 바라보며》

우리는 언제부터인가 '예측 가능한 삶', 즉 안정적인 직장과 정해진 진로, 계산된 인간관계를 추구한다. 그러나 인생은 계획대로 흘러가지 않는다. 외부의 변수는 끊임없이 우리를 흔들고, 통제할 수 없는 일은 반복해서 일어난다.

그럴 때 필요한 것은, 미래에 어떤 일이 벌어질지 예측하는 능력이 아니다. 자신만의 선택과 책임으로 미래를 스스로 만들어 가는 힘이다. 예측에만 의존하는 사람은 길을 잃으면 멈추지만, 방향을 스스로 설정할 줄 아는 사람은 낯선 길에서도 계속 나아간다. 삶은 언제나 불완전하고 모호하며 예측할 수 없는 일들로 가득하지만 그 안에서도 '만들어 나갈 수 있다'는 믿음이 사람을 끝까지 버티게 하는 힘이 된다.

현대인은 과거에 비해 훨씬 더 많은 정보를 접하면서도, 삶의 주도권은 점점 잃어 가고 있다. 미래가 불안한 것은 나만의 선택이 없기 때문이다. 남이 짜놓은 시나리오 속에서 살다 보면, 언젠가 그 길이 끝났을 때 방향을 잃고 만다. 하지만 매일 하나씩 스스로 결정을 내리는 사람은, 그러한 선택들이 쌓여 결국 자신만의 미래로 이끈다.

물론 모든 것을 내가 통제할 수는 없다. 실패와 후회는 늘 뒤따른다. 그러나 그것이 내가 내린 결정의 결과라면 우리는 받아들일 수 있고, 다시 시작할 수 있다. 주어진 미래를 기다리는 사람과, 스스로 미래를 만들어 가는 사람은 근본적으로 다른 길 위에 서 있다.

지금, 당신은 미래를 예측하려 하면서도 아무런 결단도 내리지 못하고 있는가? 그렇다면 오늘부터 스스로 선택을 내리고 실천해 보자. 미래는 기다리는 것이 아니라, 매일의 선택으로 만들어 가는 것이다.

마음에 새겨 보세요

위대한 인생이란

단순함, 선함, 진실함이 없는 곳에
위대함은 없다.

—레프 톨스토이, 《전쟁과 평화》

톨스토이는 위대함이란 이름 아래에 모든 화려함을 경계한다. 그는 외적인 웅장함이 얼마나 쉽게 거짓과 허영으로 흐를 수 있는지를 알고 있었다. 그가 말한 '위대함'은 사회적 지위나 업적이 아니라, 살아가는 태도였다. 더 많이 소유하려는 욕망이 아니라 덜어내고 비워내는 용기를 통해 삶의 진심에 가까이 다가가는 것이다. 결국 진짜 위대함은 단순함 속에 깃든다.

단순함은 결코 쉬운 길이 아니다. 우리는 '더 나은 삶'이라는 이름 아래 끊임없이 복잡함을 쌓아 올리지만 그 끝엔 피로와 불안이 따라온다. 반면 단순한 삶은 조용하고 느리다. 하지만 바로 그 느림 속에서 우리는 비로소 일상의 소중함과 사소한 기쁨을 발견한다. 복잡함이 성취를 부추긴다면, 단순함은 존재를 돌본다. 삶의 본질에 집중할수록 마음은 덜 흔들리고 더 깊어진다.

톨스토이가 말한 위대함은 어떤 면에서 '평범함'과도 겹친다. 남보다 앞서지 않아도, 더 많이 알지 못해도, 그저 지금 이 순간을 정직하게 살아가는 사람에게서 우리는 위대함의 진짜 얼굴을 볼 수 있다. 비록 사회가 정한 위대함의 기준은 바뀌지 않더라도, 우리 각자는 자신만의 방식으로 그 기준을 새롭게 정의할 수 있다. 단순하고 선하며 진실한 삶은, 그 자체로 하나의 아름다운 선언이다.

당신은 어떤 삶을 위대하다고 느끼는가? 톨스토이의 말처럼, 복잡하고 화려한 것들을 걷어내고 남은 가장 조용한 가치들 속에 우리가 진정으로 찾고 싶은 행복이 숨어 있을지도 모른다. 위대함은 멀리 있지 않다. 지금 이 순간, 우리가 살아내는 소박한 하루가 이미 위대하다.

마음에 새겨 보세요

내 안에 숨겨진 빛을 드러내자

너의 재능을 숨기지 마라. 그것들은 사용되기 위해 만들어졌다.
그늘 속의 해시계가 무슨 소용인가?

—벤저민 프랭클린, 《가난한 리처드의 달력》

우리 안에는 누구나 고유한 재능이 있다. 어떤 것은 타고났지만 아직 빛을 보지 못했고, 어떤 것은 살아가는 과정 속에서 조용히 자라난다. 그러나 우리는 종종 그 재능을 드러내는 일을 망설인다. 비교될까 봐, 실망시킬까 봐, 실패할까 봐 두려워한다. 그렇게 주저하는 사이, 재능은 빛을 잃고 만다.

하지만 재능은 머리 속에만 머물면 죽은 것이다. 세상과 연결될 때 비로소 생명력을 얻는다. 그 연결은 특별한 자격이 아니라, 단 한 줌의 용기로 가능하다. 지금 이 순간에도 수많은 사람이 두려움을 딛고 나아가고 있다. 중요한 건 세상이 아니라 나 자신을 믿는 마음이다. 나의 언어로 표현하고, 나의 방식으로 세상에 손을 뻗는 그 모든 시도가 결국 나의 재능을 빛나게 한다.

세상은 늘 호의적이지 않다. 그러나 중요한 건 완벽한 준비가 아니라,

진심을 담아 드러내는 첫걸음이다. 시작은 서툴고 결과는 기대에 못 미칠 수도 있다. 하지만 그 모든 시도가 결국 나를 단련시키고, 재능은 다듬어지며 서서히 빛나기 시작한다.

진짜 실패는 시도조차 하지 않는 것이다. 마음속에만 감춰 두고 언젠가를 기다리는 태도는 재능을 썩히는 가장 확실한 방법이다. 그러니 두려워하지 말자. 아직은 부족하다고 느껴져도, 그 안에 나만의 진심이 담겨 있다면 그것으로 충분하다. 나의 재능이 머무르지 않고 세상과 닿는 그 순간, 우리는 비로소 살아 있음을 느끼게 될 것이다.

결국, 그 연결은 나의 삶을 더 깊고 단단한 기쁨으로 채워 줄 것이다.

마음에 새겨 보세요

나에게 중요한 것, 타인에게 중요한 것

나는 나 스스로가 중요하다고 생각하는 것을 해야 한다.
타인이 중요하다고 생각하는 것을 해서는 안된다.

— 랠프 월도 에머슨, 《자기 신뢰》

우리는 살아가면서 끊임없이 타인의 시선을 의식한다. 부모의 기대, 사회의 기준, 주변 사람들의 평가에 맞추려 애쓴다. 하지만 삶의 방향은 타인이 아닌 나 자신이 정해야 한다. 인생은 타인의 기대를 충족하는 게임이 아니라 나만의 길을 만들어 가는 여정이다.

우리가 타인의 시선을 신경 쓰는 이유는 그렇게 태어났기 때문이다. 인간은 사회적 동물로서 본능적으로 공동체에 속하고 싶어 하며 타인과의 관계 속에서 의미를 찾는다. 그렇기에 우리는 자연스럽게 주변의 기대를 의식하고 인정받기 위해 노력한다. 문제는 이 과정에서 '나'의 존재가 흐려진다는 점이다. 타인의 기대를 충족시키느라 내가 중요하게 생각하는 것이 무엇인지 잊어버리게 된다.

자신이 진정으로 원하는 일을 할 때 우리는 더 의미 있는 삶을 살 수 있다. 물론, 자기만의 길을 가는 일은 쉽지 않다. 때로는 외롭고, 실패를 겪을 수도 있다. 하지만 진짜 실패는 남의 기대 속에서 자신의 인생을 낭비하는 것이다. 남들이 정한 길을 걷다가 후회하기보다는 비록 힘들지라도 나만의 길을 가는 것이 훨씬 더 값지다.

실제로 역사 속 위대한 인물들은 모두 자기만의 길을 걸었다. 스티브 잡스는 남들이 안정적이라고 여긴 대학을 중퇴했고, 반 고흐는 누구도 인정해 주지 않는 그림을 끝까지 그렸다. 만약 그들이 타인의 기준을 따랐다면, 오늘날 우리가 알고 있는 혁신과 예술은 존재하지 않았을 것이다. 세상은 결국, 자기 자신을 믿고 나아간 사람들에 의해 변화한다. 남들이 뭐라고 하든, 내가 진정 원하는 길을 걸어 보자. 인생의 의미와 변화가 그 길 위에서 나를 기다리고 있을 것이다.

마음에 새겨 보세요

나를 있는 그대로 받아들이자

우리가 스스로에게 부여해야 할 과제는 안전을 느끼는 것이 아니라,
불안정을 견디는 능력을 기르는 것이다.

— 에리히 프롬, 《존재의 기술》

살다 보면 마음이 흔들리는 순간이 자주 찾아온다. 미리 준비해도 예상하지 못한 일이 생기고, 아무리 노력해도 뜻대로 되지 않을 때가 있다. 관계가 틀어지거나, 일이 끊기거나, 몸이 아플 수도 있다. 그래서 정말 중요한 건 이런 일이 없게 만드는 게 아니라 어떤 상황에서도 무너지지 않고 견디는 힘을 기르는 것이다.

이 힘은 처음부터 저절로 갖게 되는 게 아니다. 꾸준한 연습을 통해 자라난다. 무너지지 않는 힘을 기르기 위해서는 먼저 지금의 나를 있는 그대로 받아들이는 연습이 필요하다.

마음이 약해지는 순간, 우리는 흔히 "나는 왜 이럴까?" 하고 자신을 탓한다. 견디는 힘은 나를 다그치는 데서 생기지 않는다. 오히려 "지금 이 정도면 잘하고 있어" 하고 스스로를 다독이는 데서 시작된다.

또한 작은 루틴을 만들고, 지켜 가는 습관도 큰 힘이 된다. 아침에 일어나 햇볕을 쬐고, 따뜻한 차를 마시거나, 하루에 단 몇 줄이라도 일기를 쓰는 단순한 습관은 혼란 속에서도 나를 안정시키는 좋은 기준점이 된다. 왜냐하면 루틴은 세상이 흔들릴 때 내가 중심을 잡을 수 있도록 돕기 때문이다.

인생은 뜻대로 흘러가지 않는 날들이 더 많다. 하지만 넘어지더라도 다시 걸을 힘은 누구나 키울 수 있다. 그 힘은 특별한 재능으로 만들어지지 않는다. 매일 내가 반복하는 몸과 마음의 습관을 통해 만들어진다.

마음에 새겨 보세요

스스로의 기준을 지키는 인생

鴻鵠高飛 不集汚池(홍곡고비 불집오지)
기러기나 백조는 높이 날고, 더러운 연못에는 머무르지 않는다.
— 열자, 《열자》〈양주편〉

높이 나는 새는 아무 데나 머물지 않는다. 나무가 많고 물이 풍부한 곳이 있더라도, 그 자리가 스스로에게 맞지 않으면 머물지 않는다. 인간도 마찬가지다. 내가 나로서 살아가기 위해서는 세상의 흐름에 휩쓸리지 않고, 스스로 정한 삶의 기준을 지킬 줄 알아야 한다.

하지만 기준이 바깥에 있으면, 내 안의 기준은 점점 흐려진다. 처음에는 나만의 방향이 분명했던 사람도 시간이 지나면서 어느 순간 타인의 눈치를 보며 다수의 방식에 맞춰 자신을 바꾸게 마련이다.

예를 들어, 모두가 안정된 직장을 이야기할 때 누군가는 창작의 길을 택한다. 수입은 불안정하지만, 그 일만이 자신을 숨 쉬게 한다고 느끼기 때문이다. 타인의 잣대에서는 미련해 보일지 모르지만, 그는 자신의 기준을 지켜 낸다. 그리고 그 기준은 살아가는 동안 크고 작은 선택의 순간마다 자신만의 길을 찾도록 도와준다.

세상에는 좋은 것도 많고, 멋져 보이는 길도 많지만, 결국 대부분의 길은 나의 방향이 아니다. 내가 아닌 것들을 줄이고, 내 안에 남겨야 할 것을 지켜 낼 때 비로소 삶은 중심을 잡는다.

오늘 하루, 나는 어떤 선택 앞에 서 있는가? 그 선택은 남들이 원하는 방향이 아니라 내가 진짜 원하는 나만의 길이어야 한다. 타인의 시선보다 스스로의 기준에 더 귀를 기울일 수 있다면, 우리는 더 자유롭고 단단한 삶을 살아갈 수 있다.

오늘, 내가 꼭 지켜야 할 나만의 기준은 무엇일까?

마음에 새겨 보세요

나 자신을 안다는 것

세상에서 가장 위대한 일은
자신을 아는 일이다.

— 몽테뉴, 《수상록》

많은 사람이 세상과 타인을 알기 위해 노력하지만 정작 자신을 이해하려는 시도는 소홀히 한다. 몽테뉴는 자신을 아는 일이야말로 가장 어렵고도 중요한 과제라고 강조한다. 자신을 아는 것이 왜 그렇게 중요할까?

우선, 자신을 안다는 것은 삶의 방향을 설정하는 나침반과 같다. 내가 무엇을 좋아하고, 무엇을 싫어하며, 어떤 일을 잘할 수 있는지 모른다면 인생의 방향을 제대로 설정하기 어렵다. 자신을 모르는 사람은 타인의 기준에 휘둘리기 쉽다. 사회의 기대나 타인의 시선에 따라 삶을 설계하다 보면 결국 자신과 무관한 삶을 살게 된다.

예를 들어 누군가 "집을 꼭 사야 해"라고 말하면, 이유를 따지기보다 그 말을 따라가게 되고, "요즘은 이걸 해야 해"라고 하면, 나도 모르게 거기에 맞춰 움직인다. 나는 정작 다른 것을 좋아하고 다른 방식으로 살아가고 싶어 하는데도 말이다.

그래서 자신을 아는 일은 행복과도 깊이 연결되어 있다. 자신을 알면 불필요한 욕망에서 벗어나 진정으로 나에게 맞는 행복을 찾을 수 있기 때문이다. 그 과정에서 쓸데없는 경쟁이나 비교에서 오는 스트레스가 줄어들고, 나만의 기준으로 삶을 즐기는 데 집중할 수 있게 된다.

또한 자신을 아는 일은 타인과의 관계에서도 결정적인 역할을 한다. 내가 어떤 사람인지, 무엇을 원하고 무엇을 두려워하는지 모르면 상대방에게도 혼란을 줄 수밖에 없다. 반대로 자신을 잘 이해하는 사람은 타인에게도 진솔하고 일관된 모습을 보여 주어 건강한 관계를 유지할 수 있다.

나 자신을 향해 꾸준히 관심을 기울이다 보면, 마치 끝나지 않는 여행처럼 계속해서 새로운 나를 발견하게 된다. 그 여정 속에서 우리는 진정한 삶의 기쁨을 찾을 수 있다. 그러니 오늘부터라도 나를 더 깊이 알아가는 연습을 시작해 보자. 그것이 우리 삶을 더 행복하고 의미 있게 만들어 줄 것이다.

마음에 새겨 보세요

적절한 순간 멈출 줄 아는 지혜

知足不辱 知止不殆(지족불욕 지지불태)
만족할 줄 아는 사람은 모욕당하지 않고,
멈출 줄 알면 위태롭지 않다.

— 노자, 《도덕경》

현대 사회는 우리에게 끊임없이 속삭인다. 지금보다 더 많이 가져야 하고, 더 높은 곳으로 올라가야만 한다고. 더 많은 성취와 더 많은 부, 더 넓은 인간관계를 통해 성공을 증명하라고 종용한다. 그러나 욕망에는 끝이 없다. 만족은 잠시일 뿐, 더 큰 목표와 더 빠른 속도를 원한다. 그렇게 우리는 오늘도, 내일도 자신을 채찍질하며 살아간다. 욕망을 채우기 위해 달리다 보면, 삶은 점점 더 지치고 복잡해질 수밖에 없다.

바로 그 지점에서 필요한 것이 바로 멈춤이다. 마라톤 선수가 끝까지 달리기 위해 자신의 페이스를 조절하듯, 우리 역시 삶의 속도를 조절하기 위해 때로는 잠시 멈추어 숨을 고르고 방향을 점검하는 순간이 필요하다.

멈춘다는 것은 무기력한 정지가 아니라 의식적인 선택이다. 무작정 달리던 걸음을 잠시 멈춘 뒤 지금 내가 어디에 있는지, 어디로 가고 있는지를 점검해 보는 것이다. 삶이 외부의 기준과 속도에 휘둘릴 때, 멈춤은 나를 되찾는 가장 강력한 행위다. 흔들리고 있다는 사실조차 인식하지 못한 채 달리고 있었다면, 잠시 멈춰 서는 그 순간이야말로 가장 중요한 기회가 될 수 있다. 멈춤은 단순한 휴식이 아니다.

멈춘다는 건 내 욕망과 다시 대화하는 일이다. 지금 내가 바라는 것이 진정 나의 필요인지, 아니면 사회가 주입한 환상인지 구별하려면 속도를 늦춰야 한다. 멈추지 않으면 욕망이 나를 끌고 가지만, 멈출 줄 알면 내가 욕망을 바라볼 수 있다.

무엇을 위해 그토록 애쓰고 있는가? 그 끝에 정말로 원하는 것이 있을까? 이런 질문은 달리는 중에는 떠올리기 어렵다. 하지만 멈추면, 삶의 방향을 다시 그릴 수 있는 여백이 생긴다.

마음에 새겨 보세요

두려움 너머의 사실을 직시하기

우리에게 실제로 영향을 미치는 것은 생각보다 별로 없다.
오히려 그저 겁에 질리게 할 뿐이다.
우리는 현실보다 내 생각 속에서 더 자주 고통받는다.
슬픔을 확대하거나 상상하거나 앞서 나간다.

— 세네카, 《서한집》

살다 보면 우리는 수많은 걱정과 두려움 속에 빠지곤 한다. 한밤중에 들리는 작은 소리가 괴한의 침입으로 느껴지고, 직장 상사의 말 한마디가 해고의 신호처럼 다가올 때도 있다. 이처럼 우리는 별것 아닌 상황을 과장하여 해석하고, 머릿속에서 끊임없이 부정적인 시나리오를 만들어 낸다.

그러나 그런 일은 대부분 실제로 일어나지 않는다. 우리가 만들어 낸 두려움은 현실을 왜곡하며 정작 실제 일은 별것 아닌 경우가 대부분이다.

걱정한다고 해서 문제가 저절로 해결되는 것도 아니다. 오히려 과도한 걱정은 판단력을 흐리고, 우리가 내려야 할 중요한 결정을 방해한다. 마치 뿌연 안개 속에 있는 것처럼, 두려움은 현실을 정확히 바라보는 시야를 가로막는다.

그래서 지금 우리가 해야 할 일은 걱정이 아니다. 현실을 직시하는 것이다. 이것은 두려움과 선입견을 벗고 상황을 있는 그대로 마주하는 일이다.

걱정은 우리가 어떻게 대하느냐에 따라 크기가 달라진다. 외면할수록 커지고, 정면으로 마주할수록 작아진다. 따라서 두려움을 없애려고 애쓰기보다 그것을 다루는 방식을 바꾸는 편이 훨씬 효과적이다.

결국 우리가 해야 할 일은 단 하나다. 걱정 뒤에 감춰져 있던 현실을 있는 그대로 바라보는 것이다. 그렇게 현실에 발 딛고 선 사람만이 상상 속 고통이 아닌 진짜 삶을 살아갈 수 있다.

마음에 새겨 보세요

말보다 중요한 건, 말하는 사람이다

지혜로운 사람은 말할 것이 있어서 말하고,
어리석은 사람은 말해야 하니까 말한다.

—플라톤, 《국가》

사람들은 말에 쉽게 이끌린다. 멋진 표현, 확신에 찬 어조, 감정을 흔드는 이야기 앞에서는 설득당하기 쉽다. 그런데 말이 아무리 화려해도 사람들의 마음을 얻지 못하는 경우가 있다. 말을 한 사람에 대한 신뢰가 이미 무너져 있을 때다. 말은 누구나 할 수 있지만, 그 말에 무게를 더해 주는 건 결국 그 사람의 삶이다. 같은 조언이라도 그것을 실제로 겪어 낸 사람이 말할 때 우리의 마음은 움직인다. 반대로 겉으로 그럴듯해도 속이 빈 말은 금세 잊힌다.

그래서 누군가의 말을 듣기 전에, 먼저 그 사람이 어떤 태도로 살아왔는지를 보는 것이 중요하다. 그 말이 시행착오와 고민을 거쳐 나온 결과인지 아니면 어디서 주워들은 이야기일 뿐인지 구분할 수 있어야 한다. 이런 분별력이 생기면 우리는 삶의 우선순위를 더 정확히 세울 수 있고, 시간과 에너지를 엉뚱한 곳에 낭비하지 않을 수 있다. 겉으로만 번지르르한 말에 휘둘리지 않고, 내 현실에 맞는 조언을 골라낼 수 있기 때문이다. 무엇보다도 살아본 사람의 말은 방향을 잃었을 때 나침반이 되어 준다.

그리고 그 기준은 나에게도 똑같이 적용된다. 충분히 겪어 보지 않고 선불리 말하지 말자. 말은 행동보다 빠르지만, 신뢰는 말이 아니라 삶으로 쌓인다.

그러니 누군가의 말에 귀 기울일 때 이렇게 자문해 보자.

"저 말은, 저 사람이 진짜로 겪어 보고 한 말일까?"

마음에 새겨 보세요

판단의 근거는 자기 자신에게서 나와야 한다

衆惡之 必察焉, 衆好之 必察焉(중오지 필찰언 중호지 필찰언)
많은 사람이 미워하더라도 반드시 살펴야 하고,
여러 사람이 좋아하더라도 반드시 살펴야 한다.

— 공자, 《논어》 〈위령공〉

우리는 매일 수많은 평가와 소문 속에서 살아간다. 어떤 대상을 두고 모두가 좋다고 말하면 괜히 나만 이상한 걸까 싶고, 누군가를 향한 비난이 많아지면 덩달아 그를 의심하게 된다. 하지만 '다수가 말하는 것'이 곧 '진실'일까? 사람들은 다른 사람의 말을 너무 쉽게 믿는 경향이 있다. 한 사람이 말한 작은 이야기가 마치 모두가 겪은 사실처럼 받아들여질 때도 있다. 그리고 소문은 입에서 입으로 퍼지면서 점점 부풀려진다. 처음엔 사소한 일이었는데, 나중에는 사실과 전혀 다른 큰 사건처럼 이야기가 변하기도 한다. 그래서 공자는 항상 사람들의 말을 신중하게 판단해야 한다고 강조했다. 우리 주변에서도 이런 일은 흔하다.

대표적인 예가 블로그 맛집이다. 우리는 인터넷에서 맛집 추천 글을 본다. 블로그나 SNS에서 "최고의 맛집"이라며 극찬하는 식당을 찾아가지만, 막상 가 보면 기대 이하일 때가 많다. 음식 맛이 평범하거나, 서비스가 좋지 않거나, 가격이 지나치게 비싸기도 하다.

왜 이런 일이 생길까? 실제로 대부분 후기가 광고 목적이거나 개인 경험에 치우친 평가일 때가 많기 때문이다. 그런데도 사람들은 '많은 사람이 좋다고 하니까' 별 의심 없이 믿는다. 하지만 다수의 말이 언제나 옳은 것은 아니다. 중요한 건 직접 경험해 보고, 신중하게 판단하는 태도다. 음식점뿐 아니라 사람을 평가할 때도, 소문이나 대중의 말에 휩쓸리지 말고 스스로 판단하는 습관을 지녀야 한다.

마음에 새겨 보세요

나를 성장시키는 출발점

인간에게 무엇보다 중요한 것은 참된 자기평가다.
우리는 실제로 할 수 있는 것보다
더 많은 것을 할 수 있다고 착각하기 쉽다.

— 세네카, 《마음의 평정에 대해》

우리는 종종 자신을 왜곡된 시선으로 바라본다. 어떤 일을 무조건 내가 할 수 있다고 쉽게 생각하거나, 반대로 불안해하면서 지나치게 어려워할 때도 있다.

직장에서 "내 능력이면 어떤 일이든 다 잘 해낼 수 있을 거야"라고 자신을 과대평가했지만, 막상 새로운 환경에서 예상치 못한 어려움에 부딪혀 좌절하곤 한다. 반대로 "나는 아무것도 제대로 못 하는 인간이야"라며 스스로를 과소평가해 새로운 기회 앞에서 시작조차 못 하고 두려워했던 순간도 있다.

이 모든 것은 자신을 정확히 바라보지 못한 데서 비롯된다. 지금 해야 할 일은 나 자신에게 솔직해지는 것이다. "내가 정말로 이 일을 잘하고 있는가?", "내가 내리는 판단은 타당한가?" 같은 질문을 스스로에게 해야 한다. 이 과정은 나를 비난하거나 깎아내리기 위한 것이 아니다. 단지 나의 현재 모습을 있는 그대로 바라보려는 노력일 뿐이다. 지도와 나침반 없이 길을 헤매는 등산가처럼 내가 어디에 있는지 모른다면, 내가 원하는 곳으로 갈 수 없다.

스스로를 있는 그대로 바라보는 연습이야말로 나를 성장시키는 출발점이다. 스스로를 과대평가해 모든 것을 할 수 있다고 착각하거나, 과소평가해 아무것도 못 한다고 단정 짓기보다는 나의 현재 위치와 가능성을 있는 그대로 바라보자. 자기 이해를 바탕으로 인생을 살아갈 때, 우리는 더 현명한 선택과 행동을 할 수 있다.

마음에 새겨 보세요

오직 자신을 돌아볼 뿐이다

仁者如射 射者正己而後發 發而不中 不怨勝己者 反求諸己而已矣
(인자여사 사자정기이후발 발이불중 불원승기자 반구저기이이의)
사람은 활쏘기와 같다. 활 쏘는 사람은 자신을 바로 잡은 뒤에 발사한다.
화살이 과녁을 맞히지 못하더라도 자신보다 나은 이를 원망하지 않고,
오직 자신을 돌아볼 뿐이다.

— 맹자, 《맹자》〈공손추 상〉

우리는 일이 뜻대로 풀리지 않을 때, 자주 다른 사람이나 환경을 탓하곤 한다. 회사에서 승진하지 못하면 상사의 편견 때문이라 생각하고 시험에서 기대만큼 성적을 받지 못하면 문제 난이도로 이유를 돌린다. 그러나 무언가 잘 풀리지 않았을 때 가장 먼저 살펴봐야 할 것은 자기 자신이다. 맹자가 말했듯, 활을 쏠 때 바람을 탓하는 것이 아니라, 내 자세와 힘 조절을 먼저 점검해야 한다.

스스로를 돌아본다는 것은 단지 반성하는 일이 아니다. 그것은 자기 성찰을 통해 성장으로 이어지는 과정이어야 한다. 실패를 단순한 좌절로 받아들이는 대신, 무엇이 부족했는지를 분석하고 보완하려는 태도로 바라보는 것이다. 스포츠 선수들이 경기 후 자신의 경기 영상

을 돌려보며 자세를 수정하듯, 우리도 자신의 행동과 선택을 객관적으로 평가할 수 있어야 한다.

그러나 자기 성찰보다 타인을 탓하는 일이 훨씬 쉽고 익숙하다. 요즘처럼 경쟁이 치열한 환경에서는 실수나 실패를 인정하는 것이 약점처럼 보일 수 있기 때문이다. 하지만 진정한 성장은 자신의 단점을 인정하는 용기에서 비롯된다. 실패의 원인을 외부 요인으로 돌리면 같은 실수를 반복할 수밖에 없지만, 자신의 부족함을 받아들이면 발전의 기회를 만들 수 있다.

결국, 우리가 삶에서 맞닥뜨리는 수많은 도전과 실패 앞에서 가장 먼저 해야 할 일은 오직 스스로를 돌아보는 일이다. 그렇게 나의 마음가짐과 행동을 되돌아보는 한, 우리는 계속해서 더 앞으로 나아갈 수 있다.

마음에 새겨 보세요

그 하나로 인생은 무너지지 않는다

마음으로 우주의 크기를 헤아리고, 시간의 무한함을 관찰하고,
개별 사물 하나하나가 얼마나 빨리 변하는지 관찰하라.
생성부터 소멸까지의 시간이 얼마나 짧은지 말이다.

—마르쿠스 아우렐리우스, 《명상록》

우리는 때때로 어떤 사건이나 사람이 인생에서 지나치게 큰 비중을 차지하는 것처럼 느낄 때가 있다. 사랑하는 사람과의 다툼, 직장에서의 큰 실수를 해결하기 위해 모든 에너지를 그 문제에 쏟아붓고, 마치 그것이 해결되지 않으면 삶 전체가 무너질 것처럼 생각한다.

하지만 정말로 그 일이, 그 사람이 내 인생의 모든 것일까? 마르쿠스 아우렐리우스는 지금 나에게 찾아온 문제가 우주의 크기와 시간의 흐름에 비춰 보면 매우 사소한 일일 수 있다고 말한다.

이 사실을 진정으로 깨닫는다면, 많은 고민에서 벗어날 수 있다. 우주까지 가지 않더라도 우리가 중요하다고 여기는 많은 것들은 인생에서 보면 아주 작은 일인 경우가 대부분이다. 누군가의 비판적인 말 한마디가 내 인생의 모든 가치를 규정할 수 없고, 오늘의 실수가 나의 미래를 결정할 수도 없다. 모든 사물과 사건은 어차피 끊임없이 변화하고 사라진다. 다만 내 생각과 감정이 그것을 오랫동안 붙잡고 있기 때문에 사소한 일들이 인생에서 너무 커져 버리는 것이다. 그렇게 붙잡힌 시간만큼 우리는 자신이 만든 감옥에 스스로를 가둔다.

물론 그렇다고 해서 우리의 경험과 감정을 무시하라는 말은 아니다. 중요한 것은 시각을 바꾸는 일이다. 중요한 것과 그렇지 않은 것을 구분하고, 지금 나를 괴롭히는 일이 정말 내 삶 전체를 좌우할 만큼 중요한지 자신에게 물어봐야 한다. 그렇지 않다면 조금 내려놓는 연습을 해 보자. 그 순간, 삶은 한결 가벼워진다.

마음에 새겨 보세요

모든 건 나에게 달려 있다

사실 인간의 행복, 자신의 인생에서 가장 중요한 것은
자기 자신에게 깃들어 있으며, 그곳에서 비롯된다.
인간의 행복이나 불행은 결국 자기 자신의 감수성, 의욕, 사고 등의
종합적인 결과이며, 외부의 영향력은 매우 사소하고 간접적이다.

— 쇼펜하우어, 《소품과 부록》

사람들은 행복을 외부에서 찾으려 한다. 돈, 명예, 사랑, 혹은 사회적
성공이 인생을 좌우한다고 믿는다. 하지만 쇼펜하우어는 정반대 이
야기를 한다. 행복은 외부가 아니라, 나 자신에게서 비롯한다는 것이
다. 내가 어떤 감수성으로 세상을 바라보는지, 무엇을 욕망하는지, 어
떻게 사고하는지가 내 삶을 결정한다.

외부 환경이 아무리 좋아도 내면이 불만족스럽다면 결코 행복할 수
없고, 반대로 어려운 환경에서도 스스로 만족하는 법을 아는 사람은
불행에 쉽게 무너지지 않는다.

이 말은 단순한 철학적 생각이 아니다. 우리가 매일 맞닥뜨리는 현실
이다. 같은 상황에서도 어떤 사람은 불행을 느끼고, 어떤 사람은 기쁨

을 찾는다. 같은 비를 맞아도 어떤 이는 우울해하고, 어떤 이는 낭만을 느낀다. 같은 실패를 경험해도 누구는 좌절하고, 누구는 배움을 얻는다. 중요한 것은 환경이 아니라, 그 환경을 바라보는 나의 태도다.

그러나 많은 사람들은 여전히 외부의 조건만을 바꾸려고 한다. 물론 외부 조건도 중요하다. 어느 정도의 외부 조건은 삶을 더 나아지게 만들 수 있다. 하지만 내면이 준비되지 않은 상태에서 환경만 바뀌면, 결국 같은 불만과 불행이 반복될 뿐이다. 돈이 부족할 때는 돈이 문제라 생각하지만, 돈이 많아지면 또 다른 결핍이 눈에 들어온다.

그래서 외부를 바꾸기 전에, 먼저 나를 바꿔야 한다.

어쩌면 우리는 이미 모든 것을 갖고 있는지도 모른다. 단지 그것을 발견하지 못했을 뿐이다. 행복이 외부가 아닌 내 안에 있다는 사실을 받아들이는 순간, 삶은 달라진다. 결국 모든 건 나에게 달려 있다.

마음에 새겨 보세요

행동만이 나를 정의한다

우리는 우리가 하는 행동의 총합이다.

— 사르트르, 《실존주의는 휴머니즘이다》

우리는 자신을 말이나 생각으로 규정할 때가 많다. "나는 착한 사람이야." "나는 가능성이 많은 사람이야." 하지만 사르트르는 단호하게 말한다. 우리는 말이 아니라, 행동으로 설명되는 존재라는 것이다. 내가 어떤 생각의 나래를 펼치든, 결국 내가 살아온 삶의 궤적이 나 자신을 만든다. 삶이란 우리가 해 온 모든 선택과 행동의 축적이다.

타인의 평가도 마찬가지다. 누가 뭐라 하기 전에, 그가 어떤 행동으로 살아왔는지를 돌아보는 것이 먼저다. 아무리 누가 뭐라고 했든 그가 살아낸 인생이 그 사람의 존재를 입증하기 때문이다.

그래서 스스로에게 "나는 무엇을 했는가?"라는 질문을 끊임없이 던져야 한다. 아무리 좋은 말, 멋진 꿈을 꾸어도, 행동이 없다면, 나의 삶은 아직 시작되지 않은 것이다. 내가 만든 반복된 행동은 습관이 되고, 습관은 성격이 되며, 성격은 결국 운명을 바꾼다.

나의 오늘이 어땠든, 지금 이 순간 어떤 행동을 선택하느냐에 따라 내 인생의 흐름은 언제든 바뀔 수 있다.

과거의 내 삶이 별로였다고 해도 미래는 언제든 달라질 수 있다. 과거에 어떤 모습이었든, 지금 어떤 행동을 하느냐에 따라 완전히 다른 삶이 시작될 수 있다. 내가 더 나은 미래를 원한다면 지금부터 행동을 바꿔야 한다. 답은 간단하다. 어제보다 나은 오늘을 만드는 유일한 방법은 더 나은 행동을 하는 것이다.

오늘 나는 어떻게 행동했는가? 지금 내가 하는 이 행동은 어떤 삶으로 나를 이끌고 있는가? 그 물음을 가슴에 품고 하루를 살아간다면, 우리는 조금씩 더 '성장하는 존재'가 되어 갈 수 있다.

 마음에 새겨 보세요

나는 내 삶의 주인인가?

노예는 주인의 목적을 실현하기 위한 도구에 불과하지만,
자유인은 자기 자신을 위해 존재한다.

— 아리스토텔레스, 《정치학》

아리스토텔레스가 말한 자유인이란, 자신의 삶을 주체적으로 선택하고 살아가는 사람을 의미한다. 그는 스스로 목표를 세우고, 그 방향에 따라 자신의 인생을 설계한다. 그러나 현실 속 우리는 종종 자유인이라기보다는, 타인의 기대에 묶인 존재처럼 살아갈 때가 많다.

'남들이 원하는 삶'에 자신을 끼워 맞추느라, 정작 '내가 원하는 삶'은 자꾸만 뒤로 밀린다. 사회가 만든 기준과 시선, 끊임없는 비교와 경쟁 속에서 우리는 점점 자신이 무엇을 원하는지도 잊은 채 바쁜 하루를 반복한다.

그래서 우리는 자유인으로서 나의 모습을 찾아야 한다. 이유는 단순하다. 자신의 삶을 온전히 살기 위해서다. 타인의 기대에 맞춰 살아간 삶은 결국 깊은 후회를 남긴다. 죽음을 앞둔 사람들이 가장 많이 하는 후회 중 하나는 "다른 사람들의 기대를 따르느라 내가 원하는 삶을 살지 못했다"는 고백이다.

스스로 인생을 설계하지 않으면, 누군가 대신 설계한 삶을 살게 된다. 자유란 주어진 틀 안에서 사는 것이 아니라, 삶의 방향을 스스로 결정하는 순간에 비로소 얻어진다. 자유롭게 살아가기 위해선 먼저 자신에게 진지하게 질문해야 한다. 나는 무엇을 원하는가? 어떤 삶을 살아가고 싶은가? 이 질문에 대한 답을 찾기 시작할 때, 비로소 나의 삶이 열린다.

그리고 주변의 불필요한 속박에서 벗어나야 한다. 사회적 기준, 타인의 시선, 과잉 소비처럼 나를 구속하는 외부의 목소리를 조용히 내려놓아야 한다. 무엇보다 중요한 건, 내가 바라는 삶을 직접 실천하는 일이다. 생각만으로는 자유에 다다를 수 없다. 자유는 오직 내가 내린 선택을 행동으로 옮길 때 찾아온다.

자유인은 자신의 삶을 선택하고, 그 선택에 책임을 진다. 우리는 더 이상 누군가의 도구로 살아갈 필요가 없다. 삶의 방향키를 남이 아닌 내 손에 쥐는 순간, 우리는 비로소 자유로워진다. 오늘 하루, 스스로에게 조용히 물어보자. "나는 지금, 내 삶을 살고 있는가?"

마음에 새겨 보세요

나는 누구일까?

"나의 소유가 곧 나의 존재라면, 나의 소유를 잃을 경우
나는 어떤 존재인가?"

— 에리히 프롬, 《소유냐 존재냐》

사람은 살면서 무언가를 잃는다. 다니던 직장을 그만두거나, 가족이나 친구와 헤어지기도 한다. 아프거나 나이를 먹으면서 건강을 잃었다고 느끼는 순간도 찾아온다. 이럴 때 나는 누구인지 혼란스러워진다. 누군가의 상사, 배우자, 아들 혹은 딸로 살아왔는데 그런 호칭과 함께 나 자신의 정체성도 사라지는 것처럼 느껴지기 때문이다.

프롬은 이런 우리에게 질문을 던진다. "나는 지금까지 '내가 가진 것'이 곧 '나 자신'이라고 생각하며 살아온 건 아닐까?"

그는 많은 사람이 자신이 무엇을 소유했는가로 자신을 규정하는 세상에 살고 있다고 말한다. 우리는 이름, 직업, 돈, 외모 같은 것으로 자신을 설명하려 한다. 하지만 이런 것들은 언제든 바뀌거나 사라질 수 있기에, 그럴 때마다 '나는 누구인가'라는 혼란을 맞이한다.

그렇다면 진짜 나란 무엇일까? 프롬은 진짜 나는 겉으로 보이는 것이

아니라, 내가 살아오면서 한 선택, 누군가에게 보여 준 따뜻함, 힘든 시간을 견뎌 낸 태도 속에 있다고 말한다. 겉으로 보이는 것이 없어도 마음속에 남아 있는 생각과 감정, 그리고 내가 끝까지 지켜 온 것들이 더 진짜 나에 가깝다.

살면서 무언가를 잃는 일은 누구에게나 일어난다. 그때마다 완전히 무너져야 한다면, 우리는 계속해서 사라질 수밖에 없다. 내가 가진 것으로 나를 설명하는 대신, 내가 어떤 사람인지에 집중한다면 삶이 흔들려도 나 자신을 지킬 수 있다. 모든 것을 잃었다고 느낄 때조차 나는 여전히 나로서 존재한다.

"내가 가진 모든 것이 사라졌을 때, 나는 누구일까?" 이 질문을 두려워하지 않고 마주하는 것이 진짜 나를 찾아가는 첫걸음이다.

마음에 새겨 보세요

늘 배우는 사람이 살아남는다

변화의 시대에는 배우는 자가 세상을 얻고,
배운 자는 더 이상 존재하지 않는 세상을 상대할
준비를 갖추게 된다.

— 에릭 호퍼, 《맹신자들》

지금 우리는 혼란한 시대를 살고 있다. 기술은 하루가 다르게 진화하고, 일상의 상식은 순식간에 낡은 것이 된다. 사람들은 더 빠르게 변화하고, 더 새로운 환경에 적응하라는 요구를 받는다. 에릭 호퍼는 이런 때일수록 오직 배움만이 세상을 헤쳐 나갈 수 있는 힘이라고 말한다. 그가 말한 '배우는 자'란 학교에서 무언가를 배우는 사람만을 뜻하지 않는다. 끊임없이 변화하는 현실 앞에서 스스로를 유연하게 바꾸는 사람을 가리킨다. 과거의 성공 공식, 익숙한 사고방식, 이미 검증된 능력은 더 이상 새로운 세상에서 유효하지 않다. 오히려 거기에 안주하는 사람은 지금 이 순간에도 조용히 시대에서 밀려나고 있을지도 모른다.

변화에 대처하는 유일한 능력은 '배워 나가는 태도'다. 이 태도야말로,

혼란의 세상에서 중심을 잃지 않게 하는 나침반이다.

인생에서 나이를 먹어갈수록 배우는 태도는 더욱 중요해진다. 이제는 나이 먹었다는 자부심보다, 아직도 배울 것이 많다는 겸손이 필요한 시기다. 나보다 더 젊은 세대와 대화하고, 새로운 기술에 익숙해지며, 내가 하는 생각을 의심하는 태도는 이 세상을 헤쳐 나가는 데 결정적인 역할을 한다. 배움은 젊음의 특권이 아니다. 나이와 상관없이 끊임없이 배우려는 사람이 이 시대의 진짜 젊은이다.

이 순간에도 세상은 조용하지만 급격하게 바뀌고 있다. 그 변화 속에서 우리는 어떤 자리에 서 있을 것인가. 여전히 배우는 사람으로 세상을 만들어 갈 것인가, 아니면 과거의 무대만 바라보며 서서히 퇴장할 것인가. 혼란의 시대에 가장 강한 사람은, 늘 배우는 사람이다.

마음에 새겨 보세요

어떻게 벌 것인가보다, 어떻게 살 것인가

진리를 진정으로 추구하려면,
인생에서 한 번쯤은 가능한 모든 것을 의심해야 한다.

— 데카르트, 《철학의 원리》

요즘은 돈 버는 방법을 소개하려는 사람이 너무 많다. SNS만 봐도 '이 방법이면 돈 벌 수 있다', '이 루틴이면 남들보다 앞선다'는 말이 넘쳐난다. 마케팅은 점점 더 정교해지고, 콘텐츠는 점점 더 자극적으로 변해 간다.

그런데 가만히 보면 거기에 돈을 쓰고 빠져드는 사람 중에는 '진짜 돈을 벌고 싶다'는 마음보다 '뒤처질까 봐 쫓아가는 마음'에 이끌리는 경우가 더 많다. '남들은 저렇게 쉽게 버는데, 나만 못 벌고 있는 건 아닐까?' 하는 초조함이 들기도 한다.

문제는, 그렇게 남을 따라가다 보면 '내가 무엇을 좋아하는 사람인지'조차 모르게 된다는 것이다. 내가 좋아서 하는 일인지, 남들이 좋아하라고 해서 그런 건지, 점점 구분이 어려워진다. 그렇다면 스스로에게 물어야 한다. 지금 나는 궁극적으로 어떤 삶을 원하는가?

이 질문을 기준으로 삼고, 나에게 쏟아지는 콘텐츠나 광고들을 한 번쯤 의심해 볼 필요가 있다. 내가 지금 생각하는 성공의 기준, 부의 기준, 삶의 기준은 정말 내 안에서 비롯된 것인가?

잘 버는 법은 누구나 알려 줄 수 있다. 하지만 잘 사는 법은 오직 나만이 안다. 그건 타인이 정해 주는 게 아니라, 스스로 의심하고 찾아가는 과정에서 만들어진다. 그러니 지금 이 순간, 나에게 조용히 물어보자.

"지금 내가 선택하는 것들이, 정말 나를 위한 걸까?"

마음에 새겨 보세요

진정으로 소유할 수 있는 것

빼앗길 수 있는 것, 혹은 강제될 수 있는 것은 우리의 것이 아니다.
우리 힘으로 차단할 수 없는 것들도 우리의 것이 아니다.

— 에픽테토스, 《대화록》

우리는 무언가를 소유하기 위해 끊임없이 애쓴다. 장난감을 사고, 돈을 벌고, 자산을 쌓는다. 그러나 에픽테토스의 말은 우리가 과연 무엇을 진정으로 소유하고 있는지 다시 묻게 한다. 돈, 명예, 집, 인간관계처럼 우리가 쥐고 있다고 믿는 것들은 과연 진짜 내 것일까?

그러나 답은 그렇지 않다. 그것들은 외부 조건에 따라 너무 쉽게 흔들리기 때문이다. 돈은 예상치 못한 사고나 경기 불황 속에서 사라질 수 있고 명예는 한 번의 오해로 무너질 수 있다. 인간관계조차 타인의 마음 하나에 쉽게 끊어진다.

결국 우리가 '내 것'이라 믿었던 것들은, 잠시 머물다 언제 떠날지 모르는 손님일 뿐이다. 그래서 우리는 외부에 기대거나, 그것들에 집착해서는 안 된다. 에픽테토스는 진정한 소유란 외부가 아니라 내면에 있다고 말한다. 바로 생각하는 힘, 선택하는 태도 그리고 마음의 평정과 같은 것들이다.

이런 것들은 누구에게도 빼앗기지 않으며 어떤 상황에서도 지킬 수 있고 내가 온전히 통제할 수 있다. 내면이야말로 내가 끝까지 집중하고 길러야 할 가장 소중한 '내 것'이다. 결국 내면을 중심에 두고 살아가는 사람만이 진정으로 자유로운 삶을 누릴 수 있다.

마음에 새겨 보세요

실천이 곧 배움이다

吾嘗終日而思矣 不如須臾之所學也(오상종일이사의 불여수유지소학야)
내가 하루 종일 생각만 했지만, 잠시라도 배우는 것만 못했다.

— 순자, 《순자》〈권학편〉

진정한 배움은 실천 속에서 완성된다. 세상에는 직접 해 보지 않고서는 결코 알 수 없는 것들이 있다. 예를 들어 여행을 가 보지 않고 지도를 보기만 해서는 그곳의 풍경과 느낌을 알 수 없고, 레시피만 읽는다고 해서 요리해 보지 않고 맛을 느낄 수는 없다.

머릿속에서 아무리 완벽한 시뮬레이션을 돌려도 경험하지 않으면 이해할 수 없는 것들이 반드시 존재한다. 단순히 개념을 이해하는 것과, 그 개념을 몸으로 체득하는 것은 전혀 다른 차원의 일이다.

배우고 실천하는 과정에서 우리는 예상치 못한 변수를 어떻게 다루는지를 익히고, 지식을 비로소 자기 것으로 만든다. 즉 경험을 통해서만 진짜 배움이 완성된다.

그렇기에 무언가를 완벽히 이해하려고 머뭇거리기보다는, 일단 시작해야 한다. 책을 읽는 것보다 한 줄이라도 직접 써 보는 것이 더 가치 있고, 강의를 듣는 것보다 실제로 부딪쳐 보는 것이 더 깊은 배움으로 이어진다. 시행착오를 겪으며 배우는 과정이야말로 가장 확실한 성장의 길이다. 처음엔 서툴더라도, 실천하면서 문제를 조정하고 방향을 수정할 수 있다. 그 안에서 우리는 수많은 깨달음을 얻는다.

결국 하루 종일 생각만 한다고 해서 우리 삶은 절대 바뀌지 않는다. 우리가 해야 할 일은 단순하다. 지금 당장 배우고, 한 걸음이라도 실천하면 된다. 그 순간부터 지금까지 보이지 않던 것들이 하나둘 모습을 드러내기 시작할 것이다.

마음에 새겨 보세요

2장

어제와 같은 생각으로
다른 인생을 기대하는가

– 변화를 일으키는 생각법

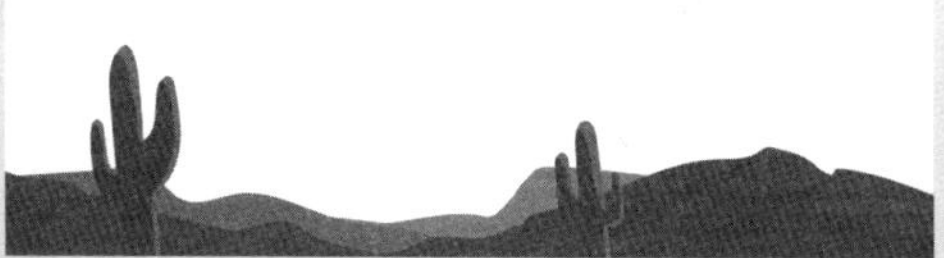

본질을 지키는 단순한 인생을 위하여

다기망양(多岐亡羊)
갈림길이 너무 많아서 양을 잃는다.

— 열자, 《열자》〈설부편〉

이 사회는 선택지가 많다. 식당 메뉴부터 인생의 진로까지 수없이 많은 길이 눈앞에 펼쳐진다. 그러나 선택지가 늘어날수록 결정은 어려워지고, 마음은 불안해진다. 무엇이 더 나은 길인지 고민하는 사이, 어느 순간 내가 진짜 찾고자 했던 것이 무엇이었는지조차 흐릿해진다.

우리는 선택지가 많아지면 자유로워지리라 생각하지만 실은 삶이 더 복잡해진다. 선택의 가능성은 넓어지지만 정작 중요한 게 무엇인지 점점 더 알기 어렵기 때문이다.

그래서 인생은 단순할수록 좋다. 하고 싶은 일 하나, 소중한 사람 몇 명, 지켜야 할 가치 몇 가지만으로도 삶은 충분하다. 오히려 적기 때문에 더 선명하게 살아낼 수 있다. 이것저것 모두 붙잡으려다 보면, 결국 그 어느 것도 온전히 손에 담지 못한다.

여기서 중요한 건 인생에서 더하는 일이 아니라 덜어내는 일이다. 이 길도 좋고, 저 길도 좋아 보일 수도 있지만 결국 나에게 맞는 길은 단 하나다. 욕심을 줄이고, 시선을 거두고, 마음을 가라앉히면 비로소 그 길이 선명해진다.

단순한 삶, 본질에 가까운 삶은 아무것도 선택하지 않는 상태가 아니다. 덜어내고 남긴 것들은 삶을 온전히 살아내는 태도에서 시작된다. 그렇게 삶은 나에게 가장 중요한 것들만 남기고 점점 단단해진다.

마음에 새겨 보세요

영웅이 되지 않아도 괜찮다

나는 영웅주의를 믿지 않습니다.

— 알베르 카뮈, 《페스트》

카뮈의 소설 《페스트》는 전염병이 퍼진 도시에서 위기를 맞은 사람들이 어떻게 살아가는지 보여 준다. 책에서 재난을 마주한 사람들은 위대한 영웅을 기다린다. 엄청난 능력으로 모두를 구해내고, 찬사를 받는 특별한 존재를 떠올린다. 그러나 카뮈는 다르게 생각했다. 그는 거창한 영웅보다 각자의 자리를 지키며 묵묵히 자기 몫을 해내는 평범한 사람들이 훨씬 더 중요하다고 말했다.

페스트의 주인공 리유는 의사다. 전염병이 창궐했을 때 그는 의사로서 해야 할 일을 할 뿐이다. 사람들을 치료하고, 환자를 돌보는 일을 조용히 반복한다. 특별한 희생도, 과장된 사명감도 없다. 소설 속에는 리유 외에도 신문기자 랑베르, 봉사하는 타루, 심지어 이름 없는 평범한 시민들도 등장한다.

그들은 모두 각자의 자리에서 자신이 할 수 있는 일을 한다. 거창한 명분도 특별한 각오도 없이 단지 곁에 있는 사람을 돕기 위해 지금 해야 할 일을 실천할 뿐이다. 카뮈는 지나친 영웅주의가 오히려 위험하다고 보았다. 영웅이란 개념은 '특별한 사람'에게 모든 책임과 희망을 떠넘기게 만들기 때문이다. 사람들은 영웅만을 바라보다가 정작 자신은 아무것도 하지 않게 된다. 그는 이런 태도를 경계했다. 영웅이 있든 없든, 우리는 각자 자기 몫을 해야 한다고 그는 강조했다.

누구도 위대한 인물이 될 필요는 없다. 그저 지금 해야 할 일을 하고, 내가 할 수 있는 범위 안에서 다른 사람을 돕는 것으로 충분하다. 결국 페스트에서 전염병을 이겨 낸 건 거창한 영웅이 아니었다. 자신의 자리를 지키며 하루하루를 버텨 낸 평범한 사람들이었다. 우리는 영웅이 되지 않아도 괜찮다.

중요한 건, 작은 행동이라도 포기하지 않고 계속 살아내는 태도를 갖추는 것이다. 이게 바로 세상을 바꾸는 진짜 힘이다.

 마음에 새겨 보세요

내가 한 말이 곧 내 삶이 된다

언어는 존재의 집이다.

— 하이데거, 《인간주의에 대한 서한》

우리는 하루에도 수많은 말을 주고받는다. 별 뜻 없이 던진 말, 습관처럼 내뱉는 표현, 감정이 실린 대답과 무심한 농담들까지, 그 모든 말은 어느새 쌓이고 쌓여 내 삶을 이루는 풍경이 된다.

사람은 자기가 쓰는 말 속에서 살아간다. 부정적인 말만 반복하는 사람 곁에는 긴장과 불안이 쌓이고, 따뜻하고 긍정적인 말을 쓰는 사람 주변에는 안도와 여유가 스며든다. 말은 흘러가는 것이 아니라, 결국 나에게 돌아오는 것이기 때문이다. "어차피 안 돼"를 달고 사는 사람과, "일단 해 보자"를 입에 달고 사는 사람은 하루를 대하는 태도부터 완전히 다르다.

입버릇처럼 반복되는 말은 곧 삶의 방향을 결정한다. 말은 생각의 습관이고, 생각의 습관은 곧 인생의 형태다. 그래서 하이데거는 언어는 존재의 집이라고 했다. 지금 내가 어떤 말을 자주 쓰는지를 돌아보면 요즘 내가 어떤 상태로 살아가고 있는지까지도 분명히 알 수 있다.
말투를 돌아본다는 건, 곧 내 삶의 방향을 돌아보는 일이기도 하다.
나의 말은 타인을 위한 것이 아니다. 결국 나에게 가장 깊은 영향을 주는 건 내가 나에게 건네는 말이다. 스스로에게 따뜻하고 부드러운 말을 자주 건넬수록 삶의 결도 부드러워진다. 좋은 말이 나에게서 오래 머물수록 오늘의 나는 더 빛날 수 있다.

오늘 내가 어떤 말을 했는지, 그리고 그 말들이 만들어 낸 삶의 모습은 어땠는지 스스로 돌아보자. 언어는 그렇게 조용히 나를 만들어 간다.

자연스럽게 살아가기

순물자연(順物自然)
그저 자연의 흐름을 따라가라.

— 장자, 《장자내편》〈응제왕〉

인생은 억지로 길을 만들 필요가 없다고 장자는 말했다. 그저 주어진 흐름을 따라가면 길은 결국 열리게 된다.

자연을 바라보자. 강물은 억지로 흐르지 않는다. 그저 갈 수 있는 길을 따라 유유히 흐를 뿐이다. 바람도, 나무도, 계절도 저마다의 속도와 방향을 따른다. 하지만 인간은 자주 그 흐름을 거스르려 한다. 하고 싶지 않은 목표를 억지로 세우고, 원하지 않는 경쟁에 내몰리며 마음에 없는 노력으로 스스로를 몰아붙인다. 그렇게 삶은 점점 더 막혀 간다.

삶이란 억지로 밀어붙인다고 잘 살아지는 게 아니다. 마음에도 없는 노력일수록 오히려 더 깊은 수렁에 빠트릴 수 있다. 사랑도 그렇고, 일도 그렇고, 인생이란 게 다 그렇다. 붙잡으려 할수록 멀어지고, 조급하게 쫓을수록 길을 잃는다. 물을 움켜쥐려 할수록 손가락 사이로 빠져나간다.

잘 사는 삶은 억지로 되는 게 아니다. 하고 싶은 일을 할 때 집중력이 생기고, 마음이 편안할 때 기회가 찾아온다. 물이 높은 곳에서 낮은 곳으로 흐르듯, 자연의 이치는 우리의 삶에도 똑같이 적용된다. 억지로 흐름을 바꾸려 애쓸 필요는 없다. 그저 흐름을 이해하고 받아들이면 된다.

삶은 계획대로 흘러가지 않는다. 하지만 그게 반드시 나쁜 건 아니다. 어떤 순간에도 자연의 섭리를 따를 때, 우리는 더 깊은 지혜에 닿을 수 있다. 원하는 것을 이루지 못해도 실망할 이유는 없다. 어쩌면 그 길이 더 나은 방향으로 향하고 있었던 것일지도 모른다.

억지로 살지 말자. 자연스럽게 흘러가자. 그것이야말로 장자가 말한 가장 이상적인 삶이다.

마음에 새겨 보세요

지혜는 선택의 기술이 아니라, 삭제의 기술이다

지혜롭게 산다는 것은
무엇을 지나쳐야 할지를 아는 예술의 영역이다.

— 윌리엄 제임스, 《심리학의 원리》

많은 사람은 삶의 방향을 선택하는 데 집중한다. 어떤 직업을 가질지, 어떤 사람을 만날지, 어떤 기회를 붙잡을지 고민한다. 하지만 인생에서 더 중요한 것은 무엇을 선택하느냐가 아니라 무엇을 과감히 덜어내느냐다.

우리는 매일 크고 작은 선택을 반복한다. 그런데 모든 것에 의미를 부여하고, 모든 일에 반응하며 다 끌어안으려 하면 마음이 금세 지치고 정작 중요한 것에 집중할 힘이 남지 않는다. 지나가는 말에 상처받고 사소한 일에도 흔들리며 중요하지 않은 일에 에너지를 낭비한다. 삶이 무거워지는 이유는 내가 감당하지 않아도 될 것들까지 끌어안고 있기 때문이다.

중요하지 않은 말, 한때 스쳐 지나갈 감정, 지금 하지 않아도 되는 일들을 포기하는 용기야말로 진짜 삶의 기술이다.

요즘은 특히 '모든 걸 알아야 한다'는 강박이 사람들을 지치게 만든다. 시시각각 쏟아지는 뉴스, 남의 삶을 들여다보는 SNS, 끝없이 비교하게 만드는 세상 속에서 정말 중요한 것은 점점 흐려진다. 그럴수록 무엇을 넘길지, 무엇을 보지 않아도 되는지를 스스로 결정해야 한다. 삶을 더 잘 살고 싶다면, 어디를 볼지가 아니라 어디를 보지 않을지도 분명히 정해야 한다.

하지 않고 지나친다고 해서 무책임하게 사는 것이 아니다. 오히려 그것은 자신의 삶을 중심에 두고 살아가는 가장 현명한 선택이다. 모든 것에 흔들리지 않으려면, 내가 진짜로 가고자 하는 방향을 위해 감정과 관심을 절제할 줄 알아야 한다.

지혜로운 사람은 매일 똑똑하게 사는 사람이 아니라, 매일 불필요한 것을 덜어내며 삶의 본질에 더 가까이 다가가는 사람이다.

마음에 새겨 보세요

진짜 자유로워지는 길

당신의 비전을 명확하게 하려면, 자신의 마음을 들여다보아야 한다.
밖을 바라보는 자는 꿈을 꾸고, 안을 바라보는 자는 깨어난다.

—카를 융, 《기억 꿈 사상》

아침에 눈을 뜨는 순간 머릿속에서 생각이 흘러나오기 시작한다. 밤새 도착한 메시지, 오늘의 일정, 어제의 실수, 누군가의 말 그리고 비교와 걱정, 다짐 같은 생각들이 차례대로 떠오르며 머릿속을 가득 채운다.

사실 내가 어떤 생각을 하고 있는지를 알아차리는 일은 쉽지 않다. 우리의 생각은 외부 자극으로 만들어지는데, 그 자극은 빠르고 강하며 끊임없이 이어지기 때문이다. 그래서 생각은 멈추지 않고 계속 흐른다.

외부 자극으로 인한 생각은 대부분 즉각적인 반응이다. 누군가 한 말을 듣고는 무시당한 것 같다는 반응을 하고, 어제의 실수를 떠올리면서 곧장 부정적인 생각이 따라온다. '나를 싫어하나?', '내가 틀렸나?' 같은 반응이 자동으로 튀어나온다.

문제는 이러한 반응들이 대개 부정적이라는 데 있다. 인간의 뇌는 생존을 위해 위험 신호에 더 민감하게 반응하도록 진화했다. 그 결과 자극과 부정적인 반응이 반복되면, 우리는 어느새 '늘 예민하고 지친 사람'이 되어 버린다. 이때 필요한 것은 생각을 즉각 따라가지 않고 한 걸음 물러나 바라보는 태도다. 생각을 바라본다는 것은 반응하지 않고 관찰하는 것이다.

이런 관찰은 '생각과 나 사이의 틈'을 만들어 준다. 이 틈이 있어야 생각에 끌려가지 않고 내 의지대로 방향을 정할 수 있다. 예를 들어 '망할 것 같아'라는 생각이 들 때 곧장 불안에 빠지기보다 '아, 지금 내가 그런 생각을 하고 있구나' 하고 인식하는 순간 불안은 작아지고 새로운 선택지가 생긴다. 생각을 바라보면 감정의 자동 반응에서 벗어날 수 있다. 그리고 그 순간 우리는 진짜 원하는 방향으로 반응을 선택하는 힘을 갖게 된다. 그것이 자기 통제의 시작이며, 진짜 자유를 향한 첫걸음이다.

마음에 새겨 보세요

책임을 질수록 자유로워진다

인간은 자유롭도록 선고받았다.

—사르트르, 《존재와 무》

인간은 태어난 순간부터 선택할 수 있고, 그 선택에 책임져야 한다. 선택의 자유란 마음대로 살 수 있다는 뜻이지만, 그에 따른 책임이 따르기 때문에 결국 그 결과를 스스로 감당해야 한다.

예를 들어 한 청년이 졸업을 앞두고 있다. 대부분의 친구들은 대기업 입사를 준비하고 부모님도 안정적인 직장을 구하기를 원한다. 하지만 그는 글을 쓰고 싶다는 꿈이 생겼고 결국 글을 쓰면서 아르바이트를 하기로 결심한다. 누구도 그에게 글을 쓰라고 강요하지 않았고 누구도 회사를 가라고 명령하지 않았다. 그는 자신의 마음을 따랐고, 어떤 결과가 오더라도 자신이 책임질 각오를 다졌다.

물론 누군가는 말할 수 있다. "진짜 하고 싶은 걸 마음대로 고를 수 있는 사람이 얼마나 되겠어? 부모님, 돈, 사회의 눈치 때문에 우리는 자유롭지 않아." 맞는 말이다. 우리의 삶에는 수많은 제약이 존재한다. 자유롭게 정하는 게 늘 쉬운 건 아니다. 하지만 모든 상황을 바꿀 수는 없어도, 그 안에서 내가 무엇을 선택할지는 오롯이 나의 몫이다. 나는 그냥 끌려가는 존재가 아니라, 내 삶을 만들어 가는 사람이다. 삶은 늘 쉽지 않고, 선택에는 정답이 없다. 하지만 그 선택이 내가 내린 결정이라는 사실 자체가 살아갈 힘이 된다. 내가 만든 길이라면 넘어져도 다시 일어설 수 있다. 남이 만든 길에서는 그럴 수 없다. 그러니 두려워도 괜찮다. 망설여도 괜찮다. 중요한 건, 스스로 정하고 스스로 걸어가는 연습을 계속하는 일이다. 그것이 바로 자유롭고 책임 있게 살아간다는 의미다.

마음에 새겨 보세요

능히 굽어질 수 있어야 온전하다

曲則全 枉則直 窪則盈 弊則新(곡즉전 왕즉직 와즉영 폐즉신)
구부러지면 온전해지고 굽으면 곧아지며
움푹하면 차오르고 낡으면 새로워진다.

— 노자, 《도덕경》

세상은 강한 자만이 살아남는다고 말한다. 하지만 노자는 그렇게 보지 않았다. 단단한 나무는 강한 바람에 부러지지만, 유연한 갈대는 휘어지며 끝까지 살아남는다. 인생도 마찬가지다.

예를 들어 보자. 한 직장인이 있다. 그는 납득할 수 없는 이유로 퇴직 권고를 받았다. 처음엔 억울하고 낙담했다. 하지만 곧 그는 "이건 나에게 새로운 기회일지도 몰라" 하고 생각을 바꾼다. 그때부터 온라인 강의를 듣고, 예전부터 하고 싶던 일에 도전한다. 처음엔 수입도 적고 고단했지만, 결국 그는 자신만의 수익 구조를 만들어 냈고, 더 자유롭고 즐거운 삶을 살게 되었다. 그는 강해서 살아남은 게 아니다. 유연했기에 다시 일어설 수 있었다. 예상치 못한 상황 속에서도 마음을 열고 방향을 바꾼 덕분에 그 순간 삶은 새로운 흐름을 만났다. 유연함은 약함이 아니라, 흐름 속에서 기회를 잡을 줄 아는 지혜다.

우리도 마찬가지다. 어떤 상황이든 계획대로 이루어지지 않는다. 관계에서도, 일에서도, 인생에서도 예상하지 못한 일이 벌어진다. 그때 고집을 부리면 오히려 부러지기 쉽다. 하지만 흐름을 인정하고 유연하게 대처하는 사람은 중심을 잃지 않고 더 멀리 나아간다.

진짜 강한 사람은 강한 척하지 않는다. 부드럽게 흐르면서도 꺾이지 않는 사람, 낮출 줄 알면서도 자신을 잃지 않는 사람이다. 그런 사람은 더 많이 배우고, 더 크게 성장한다.

그러니 강해지려 애쓰기보다 유연해지자. 바람에 흔들리되 부러지지 않는 갈대처럼 우리도 삶에 맞춰 굽어지고 다시 일어서자. 그 유연함이야말로 우리를 끝까지 살게 하고, 더 잘 살게 하는 힘이다.

마음에 새겨 보세요

집착을 내려놓을 때 찾아오는 자유

視生如死 視富如貧 (시생여사 시부여빈)
삶을 죽음처럼 보고, 부유함을 가난처럼 본다.

— 열자, 《열자》〈중니〉

살다 보면 무언가를 꼭 붙잡아야만 마음이 놓일 때가 있다. 가진 것을 잃을까 봐, 이 순간이 사라질까 봐, 관계가 변할까 봐 우리는 자꾸만 움켜쥔다. 하지만 열자는 삶도 부유함도 결국은 스쳐 지나가는 것이니 움켜쥐려 하지 말라고 가르친다. 삶은 애초에 내 뜻대로 흘러가지 않을 때가 많다. 아무리 노력해도 상황은 바뀌지 않고, 소중히 여긴 것이 어느 날 갑자기 떠나갈 수 있다. 불확실한 세상에서 내가 할 수 있는 유일한 일은 붙잡는 대신 흘러가게 두는 것이다.

흐름에 맡긴다는 건, 어떤 일이 일어나든 그것을 흘러가는 강물처럼 바라보는 태도다. 강물은 바위를 만나도 밀어붙이지 않고 돌아간다. 억지로 부딪치지 않고 흐름을 바꿔 결국 자신의 길을 다시 만들어 낸다. 우리 삶도 그렇다. 예상하지 못한 일이 닥치거나 관계가 틀어질 때일수록 한발 물러서 흐름을 바꾸는 지혜가 필요하다.

당장 상황을 조정하려 애쓰기보다 내 감정과 흐름을 인정하고 중심을 지키는 것이다. 억지로 방향을 고치려 하면 부러지지만, 받아들이고 기다리면 흐름이 길을 만든다.

결국 집착을 내려놓는다는 건 삶을 더 가볍게 살아간다는 뜻이다. 삶의 흐름은 늘 내가 바라는 대로 흘러가지 않는다. 때로는 틀어지고, 어긋나며, 돌아가기도 한다. 그러나 그 과정 안에도 분명한 의미는 있다. 억지로 방향을 바꾸려 애쓰기보다, 지금 이 자리에서 내가 어떤 마음으로 머물 수 있는지가 더 중요하다. 그 태도야말로 흐름 속에서 나를 잃지 않는 법이다.

붙잡는 순간 삶은 도망치고, 놓는 순간 삶은 돌아온다. 놓아도 괜찮은 게 아니라, 놓아야 자유롭다.

마음에 새겨 보세요

고통을 치유해야 한다는 강박에서 벗어나라

고통은 치유하는 것이 아니다.
고통과 함께 살아가는 것이다.

— 알베르 카뮈, 《시지프 신화》

인간은 누구나 고통을 피하고 싶어 한다. 고통은 불쾌하고, 견디기 어렵다. 하지만 아이러니하게도 인간은 고통 없이 깊어질 수 없다. 고통은 인간의 감정과 사고를 확장한다. 실패를 경험한 사람은 실패를 모르는 사람보다 훨씬 더 깊이 있는 통찰력을 갖는다. 시련을 겪지 않은 사람은 단순하고 표면적인 사고에 머물기 쉽지만, 고통을 겪은 사람은 인생의 복잡한 결을 이해한다.

고통은 인간에게 가치를 되묻게 한다. 쉽게 얻은 성공은 당연하게 여겨지기 쉽지만, 실패와 좌절을 거듭한 사람은 작은 성취에도 깊은 감사를 느낀다. 마치 험한 산을 넘은 이가 정상에서 더 넓은 시야를 얻듯이 고통은 우리를 삶의 본질로 끌고 간다. 반대로 고통이 없는 삶은 기준을 잃은 상태와도 같다. 불편함이 없으면 무엇이 진짜 소중한지도 알기 어려워진다.

그렇다고 고통을 무조건 긍정적으로 받아들이는 것이 정답은 아니다. 중요한 것은 카뮈가 말했듯이 고통을 '치유'해야 한다는 강박에서 벗어나, 그것과 '함께 살아가는' 법을 배우는 것이다. 고통을 무조건 억누르거나 없애려 하면 오히려 더 큰 상처를 남길 수 있다. 떼어낼 수 없는 삶의 일부로 받아들이고, 그 안에 머물며 의미를 되새길 때 고통은 나를 삼키지 못한다. 결국 인간의 성장은 고통과 따로 떼어 놓고 생각하기 어렵다.

고통은 단순한 장애물이 아니라, 인간을 더 단단하고 더 투명하게 만드는 촉진제다. 고통을 견디는 데 그치지 않고, 고통과 함께 존재하는 법을 배우며 그 안에서 의미를 찾을 때 우리는 진정한 성장을 이룰 수 있다.

___ 마음에 새겨 보세요

감사 또 감사하자

가장 익히기 어려운 수학은
우리가 가진 축복을 세는 것이다.
— 에릭 호퍼, 《인간 조건에 관한 성찰(Reflection on the Human Condition)》

우리는 하루를 시작할 때 무의식적으로 불만부터 떠올리기 쉽다. 피곤한 눈을 뜬 아침, 늦어지는 버스, 반복되는 일상의 고단함이 먼저 찾아온다. 그리고 익숙한 하루가 지루하게 느껴질수록 삶은 조금씩 불만으로 채워진다.

그러나 반복되는 하루라도 무엇에 시선을 두고 무엇을 발견하는가에 따라 인생의 풍경은 달라진다. 잠들 수 있었던 평온한 밤, 창밖에 스쳐 간 연초록 나뭇잎, 여전히 나를 원하는 일터는 작고 조용하게 늘 내 곁에 머무는 축복들이다. 그 순간을 인식하는 능력이 바로 감사한 마음이다. 감사를 선택하는 순간, 우리는 익숙했던 일상에서 전혀 새로운 의미를 발견한다.

물론 삶은 언제나 감사하기 좋은 순간만 주지 않는다. 힘든 일은 계속 찾아오고, 마음은 자주 지치고 휘청인다. 감사는 고통을 없애 주는 마법이 아니다. 그렇지만 감사한 마음은 나를 무너지지 않게 붙드는 조용한 내면의 닻과 같다. 아프고 지칠 때조차 삶 속에 남아 있는 '괜찮음'을 비추게 한다.

감사를 셀 줄 아는 사람은 결핍 속에서도 충만함을 발견한다. 누구는 없는 것만 바라보지만, 누구는 있는 것에서 기쁨을 찾는다. 그 차이는 크지만 시작은 단순하다. 오늘 하루 한 가지 불만을 떠올릴 때마다 한 가지 감사를 함께 떠올려 본다면 그렇게 우리는 조금씩 다른 삶의 수학을 배우기 시작한다.

그래서 오늘 우리는 반복되는 피로와 불편함을 셀 것인가, 아니면 그 속에서도 작게 피어난 다정한 순간들을 하나씩 헤아릴 것인가. 그 선택에 따라 삶은 달라진다. 날이 저물 때, 불만보다 감사가 하나 더 많았다면 그 하루는 이미 충분히 괜찮은 날이다. 우리가 살아가는 이 평범한 하루가 조용한 기적으로 채워지기를 바란다.

마음에 새겨 보세요

'왜?'라는 질문을 품고 사는 삶

철학 없이 사는 삶은
눈을 감은 채 살면서 눈을 뜨려고 하지 않는 것과 같다.

— 데카르트, 《방법서설》

하루는 생각보다 빨리 지나간다. 아침에 눈을 뜨고 일과를 소화한 뒤 피곤한 몸을 이끌고 잠자리에 들면 어느새 또 하루가 저물어 있다. 반복되는 일상에 익숙해질수록, 우리는 그 하루가 어떤 의미였는지조차 묻지 않고 그저 살아간다.

이럴 때 필요한 것은 철학적으로 살아보려는 태도다. 철학적으로 산다는 건, 거창한 개념을 붙잡고 씨름하자는 말이 아니다. 오히려 그 반대다. 평범한 일상 속에서 끊임없이 "왜?"라고 묻는 것이다. 오늘 내가 기뻤던 이유는 무엇인가? 어떤 말에 마음이 흔들렸는가? 지금 이 방향은 나다운 선택인가?

철학은 그런 사소한 질문들 속에서 시작된다. 예를 들어, 지하철 창밖 풍경을 바라보다가 "나는 지금 어디로 가고 있는가?"를 떠올려 보는 것, 누군가의 말에 상처받았을 때 "나는 왜 그 말에 아팠을까?"를 돌아보는 것도 철학이다.

철학적으로 산다는 것은 정답을 구하겠다는 뜻이 아니다. 삶 속에서 나만의 질문을 품고 살아간다는 의미이다. 오늘 하루가 허무하게 느껴질 때 그 느낌을 끌어안고 "지금 나는 어떤 사람으로 살고 있는가?"라고 스스로 질문해 보는 것 자체가 철학이다.

물론 모든 하루를 그렇게 살아가는 일은 쉽지 않다. 가끔은 아무 생각 없이 흘러가고 싶을 때도 있다. 하지만 잠시라도 멈춰 묻는 습관은, 우리 삶을 조금 더 의식적으로 살아가게 한다. 눈을 감은 채 걷는 대신, 눈을 뜨고 하루를 살아내는 것. 그것이 곧 철학적으로 사는 삶이다.

그러니 오늘 하루, 조금 더 생각하며 살아보자. 작은 일에도 질문을 던지고 내 선택을 돌아보자. 그렇게 하루를 철학으로 채워 갈 때 우리는 진짜로 살아간다고 할 수 있다.

마음에 새겨 보세요

변화는 나로부터 시작된다

모든 사람은 세상을 변화시키려 하지만,
정작 자기 자신을 변화시키려 하지는 않는다.

—레프 톨스토이, 《인생이란 무엇인가》

누군가를 바꾸는 일은 어렵다. 하지만 나를 바꾸는 일은 내가 결정할 수 있다. 누구의 허락도 필요 없다. 지금부터 다르게 생각하고, 다르게 행동하면 그만이다.

우리는 '변화'라는 말을 들으면 으레 거창한 것을 떠올린다. 직업을 바꾸거나, 인생의 방향을 통째로 돌리는 일처럼 말이다. 하지만 진짜 변화는 아주 작고 일상적인 데서 비롯된다. 예를 들어 아침에 눈을 뜨자마자 무심코 휴대폰을 들기 전에 창밖을 바라보며 심호흡해 본다. 말없이 넘겼던 감사 인사를 오늘은 먼저 건네 본다. 메신저에 급하게 답장을 보내기 전에, 상대의 입장을 한 번쯤 떠올려 본다. 이런 아주 작고 사소한 선택들이 쌓이면 삶의 분위기 전체가 바뀌기 시작한다. 나를 바꾼다는 건 나를 꾸짖거나 고치는 게 아니다.

오히려 '내가 누구인가'를 더 깊이 이해하고, 나답게 살아가기 위해 하나씩 정돈하는 과정이다. 그래서 변화는 꼭 고통스럽거나 무거울 필요가 없다. 때로는 가볍고, 재미있고, 뿌듯한 일이 될 수도 있다.

오늘 하루도 바쁘고 정신없을 수 있다. 하지만 그 안에서 내가 바꿀수 있는 단 하나가 있다면 바로 나 자신이다. 그리고 그 변화는 거창할 필요 없이, 작고 조용한 선택 하나로도 충분하다. 지금 이 순간, 나를 바꾸는 연습을 다시 시작해 보자. 작은 변화가 모여 결국 내 삶을 바꾸게 될 것이다.

마음에 새겨 보세요

격정과 고난이 우리를 단단하게 만든다

어느 정도의 걱정이나 고통, 고난은
모든 인간에게 필요하다.
짐을 싣지 않은 배가 물살에 자꾸 흔들려
곧게 나아갈 수 없는 것과 같은 이치다.

— 쇼펜하우어, 《소품과 부록》

우리는 힘든 일 없이 편하게 살고 싶어 한다. 그러면서 걱정과 고난은
어떻게든 피하려고 애쓴다. 하지만 쇼펜하우어는 인생에서 고통은
피할 수 없는 것이라고 말한다. 그리고 그 고통과 고난을 어떻게 다룰
것인지를 배워야 한다고 강조한다. 그렇게 할 때 고난은 삶의 방해물
이 아니라 오히려 균형을 잡아 주는 요소가 된다.

짐이 전혀 없는 배는 가벼워 보일 수 있지만 작은 파도에도 쉽게 흔들
린다. 반면 적절한 무게를 실은 배는 안정적으로 물살을 가르며 나아
간다. 인생도 마찬가지다. 아무런 어려움 없이 살아가려 하면 오히려
방향을 잃고 흔들리게 된다. 고난은 우리 삶에 무게를 부여하고, 그
무게가 중심을 잡아 주는 역할을 한다.

실제로 위대한 사람들의 삶을 들여다보면, 모두 자신만의 짐을 지고 있었다. 오프라 윈프리는 가난과 학대를 견디며 성장해 세계적인 방송인이 되었고, J.K. 롤링은 극심한 생활고와 수십 번의 거절을 이겨내며 〈해리 포터〉 시리즈를 완성했다. 넬슨 만델라는 27년간 감옥에 갇혔지만, 그 시간을 통해 더욱 단단한 신념을 다져 인종차별을 없애는 데 기여했다.

그들은 걱정과 고난을 피하려 하지 않았다. 오히려 그 무게를 견디며 자신을 단련했다.

쇼펜하우어는 모든 고난을 피하려 애쓰지 말라고 한다. 어차피 인생은 고통을 피할 수 없다. 그렇다면 파도를 피하려 하기보다는 그 안에서 균형을 잡고 나아가는 법을 배우는 것이야말로 진정한 지혜다.

마음에 새겨 보세요

내가 원하는 삶은 무엇인가?

인간은 자기 자신의 존재를 하나의 문제로 자각하며
그 해답을 찾아 살아가도록 운명 지어진 유일한 존재다.

— 에리히 프롬, 《자기를 위한 인간》

에리히 프롬은 인간이란 자기 존재 자체를 불안하게 여기는 유일한 존재라고 말한다. 무슨 뜻일까?

다른 동물은 본능대로 살아간다. 먹고, 자고, 위협을 피하며 하루하루를 살아간다. 하지만 인간은 다르다. 우리는 그냥 살아가는 것이 아니라, 어떻게 살아야 할지를 끊임없이 고민하며 살아간다.

"나는 누구인가?", "왜 살아야 하지?", "지금 이 길이 맞는가?", "죽음 뒤에는 무엇이 있을까?" 같은 질문을 멈추지 않는다. 내 삶의 방향과 의미를 스스로 결정해야 하는 존재가 바로 인간이다.

그래서 인간의 삶은 종종 외롭고 혼란스럽다. 아무도 내 인생을 대신 살아 줄 수 없기 때문이다. 모든 선택은 결국 내가 해야 하고, 그 선택이 내 미래를 결정한다. 어떤 날은 내가 왜 이렇게 살고 있는지도 혼란스러울 때가 있다. 방향을 잃고, 남이 정해 준 길을 따라가고 있는 듯한 느낌에 빠지기도 한다. 그래서 인간은 본질적으로 불안을 피할 수 없지만, 그렇다고 불안이 꼭 나쁜 것만은 아니다. 오히려 자유롭게 선택할 수 있다는 증거이기 때문이다.

지금 이 순간 내 인생은 내가 이끌고 가며, 앞으로 어떤 삶을 살지는 오롯이 내 선택에 달려 있다. 나는 어떤 모습으로든 변화할 수 있고, 전혀 새로운 삶을 만들어 낼 수도 있다. 그것이 인간에게 주어진 가장 큰 가능성이다.

결국 내 인생은 누가 만들어 주는 게 아니라, 내가 직접 만들어 가는 것이다. 그것이 인간으로서 우리가 해야 할 일이며 할 수 있는 일이다. 지금 내가 걷고 있는 길은 누구의 선택인가? 혹시 그 자리에 멈춰서 있다면, 오늘 하루만큼은 조용히 나 자신에게 물어보자. "내가 정말 살고 싶은 삶은 어떤 모습일까?"

마음에 새겨 보세요

배우는 사람이 청춘이다

지식에 대한 투자는
항상 최고의 이자를 지급한다.

—벤저민 프랭클린, 《부자가 되는 길》

우리는 종종 배움에 '적당한 시기'가 있다고 믿는다. 공부는 젊을 때 하는 것이고, 나이 들면 익숙한 것을 지키며 살아가야 한다고 생각한다. 하지만 중요한 것은 나이가 아니다. 젊기 때문에 배우는 것이 아니라, 배우려는 사람이 젊은 사람이다. 인생의 어느 시점에 있든 우리는 새롭게 배울 수 있다. 늦은 나이에 악기를 배우는 사람, 은퇴 후 그림을 그리는 사람, 온라인 강의를 들으며 지적 호기심을 키우는 사람들도 많다. 이들은 시간을 거슬러 살아가는 것이 아니라, 지금 이 순간을 가장 젊게 사용하는 사람들이다.

단지 뭔가를 배우기만 한다고 젊은 것은 아니다. 정말 중요한 건 새로운 것을 이해하고자 하는 긴장감, 어제를 뛰어넘으려는 마음, 그리고 그 속에서 생겨나는 자극이다. 그 모든 감각이 바로 젊음의 본질이다. 반대로 익숙한 것만 반복하면 삶은 점점 무뎌진다. 새로운 언어를 배우고 낯선 분야에 도전하는 사람은 끊임없이 질문하고, 호기심을 품고, 자신을 돌아본다. 그 모든 과정이 더욱 생기 넘치는 삶으로 이끈다.

나이가 들수록 두려운 것은 육체의 노화가 아니다. 진짜 무서운 것은 낡은 생각, 굳어진 관점이다.

배움은 그 굳은 마음을 다시 말랑하게 풀어 주는 힘이다. 오늘 하루, 작은 배움 하나를 시작해 보자. 꼭 거창할 필요는 없다. 한 줄의 문장을 외우거나, 생소한 이야기를 들어 보는 것만으로도 충분하다. 그렇게 우리는 어제보다 조금 더 젊은 사람이 될 수 있다.

마음에 새겨 보세요

자기 자신에게 솔직한 인생

우리는 자신에게 거짓말할 때
가장 큰 소리로 거짓말한다.

— 에릭 호퍼, 《열정적인 정신 상태(The Passionate State of Mind)》

인생에서 가장 정직해야 할 대상은 누구일까? 타인도 가족도 아니다. 가장 먼저 솔직해야 할 대상은 자기 자신이다. 하지만 아이러니하게도 우리는 자기 자신에게 가장 자주 거짓말을 한다. 자기 자신에게 하는 거짓말은 대개 내가 믿고 싶은 이야기로 포장된다. 내가 진짜 원하는 것을 외면하고, 두려움이나 외로움 같은 감정을 억누른다.

예를 들어 지금 하는 일이 자신과 맞지 않다고 느끼면서도 "요즘 다 이렇게 사니까 괜찮아"라고 자신을 설득한다. 관계에서 고립감을 느끼면서도 "나는 원래 혼자가 편한 사람이야"라고 자신의 감정을 애써 외면한다. 이런 말들은 자신을 지키려는 본능에서 나오지만, 결과적으로는 내면의 신호를 무시하게 만들어 진짜 감정과 점점 멀어지게 한다.

그래서 우리는 진실을 모른 척하며 오히려 더 큰 소리로 자신을 속인다. 목소리가 클수록, 감추고 싶은 진실도 크다는 뜻이다. 이것이 에릭 호퍼가 말한 '가장 큰 소리의 거짓말'이다.

반대로 자기 자신에게 솔직한 삶이란 이런 것이다. 작고 흔들리는 마음의 소리를 외면하지 않고 그대로 인정하는 삶이다. 실패 앞에서 "나는 괜찮아"라고 말하기보다 "사실 무섭다"라고 인정하는 용기, 질투나 부러움이 올라올 때 "괜찮아" 하며 넘기기보다, 그 감정을 있는 그대로 들여다보는 태도, 외로움 속에서 강한 척하지 않고 "지금 많이 외로워"라고 고백할 수 있는 정직한 태도가 쌓일 때, 그런 삶이 진짜 나로 존재하게 한다. 자신에게 솔직해진다는 건, 완벽해지는 게 아니다. 오히려 부족한 나를 똑바로 마주 보는 용기이고, 그 진실을 감추지 않고 품는 일이다. 거기서부터 변화도 자유도 시작된다.

마음에 새겨 보세요

나 자신을 진정으로 사랑하자

좋은 사람은 자기를 사랑하는 사람이다.

— 아리스토텔레스, 《니코마코스 윤리학》

나는 과연 나를 사랑하고 있을까. 흔히 사람들은 나를 사랑한다는 것을 내가 원하는 것을 하고, 나를 먼저 챙기는 일이라고 생각한다. 물론 그것도 중요하다. 하지만 아리스토텔레스가 말한 자기애는 그보다 훨씬 더 깊고 더 까다롭다. 진짜 자기애란 나를 좋은 방향으로 이끄는 삶의 태도다. 단지 내가 원하는 걸 다 하는 게 아니라, 더 괜찮은 나를 만들기 위한 선택과 행동이다. 아리스토텔레스는 자기애를 두 종류로 구분한다.

첫째는 나를 망치는 자기애다. 겉으로는 나를 위하는 것처럼 보여도, 결국 나를 해치는 방식이다. 예를 들어 과소비, 폭식, SNS 중독, 무기력한 방치, 반복되는 술과 문제를 회피하는 행동은 순간의 쾌락은 주지만, 내 인생 전체를 갉아먹는다. 그건 나를 사랑하는 게 아니라, 나를 소비하는 일이다.

둘째는 나를 성장시키는 자기애다. 지금 당장은 불편하지만, 미래의 나를 위해 선택하는 태도다. 쉬고 싶어도 해야 할 일을 조금씩 해내고, 먹고 싶은 걸 참으며 몸에 좋은 걸 챙겨 먹는다. 진짜 자기애는 나를 괜찮은 사람으로 만들어 가려는 노력이다. 지금 당장은 귀찮고 힘들어도, 나중의 나를 위해 더 좋은 선택을 하는 것들이다. 예를 들어, 그냥 쉬고 싶지만 그래도 해야 할 일을 조금씩 해내거나, 먹고 싶은 걸 참고 몸에 좋은 걸 챙겨 먹는 것처럼 말이다.

이런 선택들이 쌓여야 더 괜찮은 내가 될 수 있다. 진짜 나를 사랑하는 사람은 늘 스스로에게 더 옳은 방향이 무엇인지를 끊임없이 묻는다. "지금의 나는, 더 좋은 나를 위한 선택을 하고 있는가?" 그 질문을 잊지 않는 사람만이, 자기를 사랑할 자격이 있다. 그렇다면 지금 나는 어떤 방식으로 나를 대하고 있을까? 내가 하는 선택은 나를 망치고 있는가, 아니면 더 괜찮게 만들고 있는가? 자기애는 감정이 아니라 방향이다. 오늘 하루의 선택이, 그 방향을 결정한다.

마음에 새겨 보세요

기록해야 제대로 보인다

검토되지 않은 삶은 살 가치가 없다.

—플라톤, 《소크라테스의 변명》

하루에도 수십 가지 감정이 오간다. 오늘은 괜찮다가도, 내일은 불안하고, 이유 없이 마음이 무거울 때도 많다.

그런데 정작 중요한 건, 내가 왜 그런 기분을 느꼈는지조차 기억나지 않는다는 사실이다. 감정은 기록하지 않으면 사라진다. 마음속에 잠깐 스쳤던 생각, 명확하지 않은 느낌, 불편했던 감정 등 기록하지 않으면 흐려지고 흐려진 감정은 나를 설명해 주지 못한다. 기록은 그 순간의 '나'를 붙잡는 일이다.

글을 쓰면 보이지 않던 것들이 보이기 시작한다. 짧은 일기 한 줄, 감정에 대한 메모, 지나가는 생각이라도 좋다. 시간이 지나 다시 들여다보면, 반복되는 삶의 패턴이 드러난다. 기록은 삶을 들여다보는 거울이다.

글로 쓰면, 생각이 또렷해진다. "괜찮다"고 말하면서도, 글을 쓰다 보면 '아니구나' 하고 인정하게 된다. 반대로, '망한 것 같다'고 생각하다 가도, 글로 쓰면 '이만하면 꽤 잘살고 있었네' 하고 위로받기도 한다. 오늘 하루, 스쳐 지나간 감정이 있다면 적어 보자. 멋진 문장일 필요 는 없다. 단 한 줄이어도 괜찮다. 그 한 줄이 삶을 돌아보게 하고, 결 국 나를 바꾼다.

마음에 새겨 보세요

나는 정말로 불행한 걸까?

우리 각자는 스스로 불행하다고 확신하는 만큼
불행해진다.

— 세네카, 《서한집》

"다 끝났어. 내 인생은 망했어." 어느 날 친구가 이렇게 말했다. 그 말
은 친구의 입에서 나왔지만, 사실 누구나 한 번쯤은 속으로 되뇌는 말
이기도 하다.

우리는 종종 '하나의 실패'를 '전체 인생의 붕괴'로 확대해석한다. 건강
이 무너지면 인생도 끝났다고 말하고, 관계 하나가 어그러지면 모든
게 잘못되었다고 여긴다. 하지만 정말 그런가?

당신의 인생이 한 번의 실패로 망가질 만큼 그렇게 얕은 구조였던가?
세네카는 단호히 말한다. 삶은 외부의 이유로 결정되지 않는다. 삶은
내면의 태도에서 시작된다.

똑같은 실패 앞에서도 어떤 사람은 무너지고, 어떤 사람은 일어선다.
문제는 실패가 아니라, 그 실패를 해석하는 방식이다. 불행은 늘 교묘
하게 말한다. "넌 이 상황에서 벗어날 수 없어. 이건 네 운명이야." 하

지만 진실은 다르다. 불행은 내가 그것을 '불행'이라고 받아들이는 순간 생겨난다. 실패한 프로젝트가 내 인생 전체의 가치를 결정하지 않고, 망가진 관계가 당신의 존재 가치를 지우지 않는다. 문제는 상황 자체가 아니라, 그것을 바라보는 나의 시선이다.

삶은 때로 우리에게 예상치 못한 도전을 던진다. 중요한 건 그 도전 앞에서 무릎을 꿇을지, 아니면 그것을 디딤돌 삼아 다시 일어설 것인지는 우리의 선택에 달려 있다. 이 선택이 '나'라는 사람을 정의하고 내 삶의 방향을 만든다.

그러니 지금의 고통 앞에서 물어야 한다. "정말 불행한가, 아니면 불행하다고 믿고 있는가?"

마음에 새겨 보세요

당신의 롤모델은 누구인가?

인간은 타고난 모방의 동물이며,
배움은 모방을 통해 이루어진다.

—아리스토텔레스, 《시학》

우리는 흔히 '모방'이라는 말을 부정적으로 받아들인다. 남의 것을 베끼는 행위, 창의성 없는 흉내, 자존심 없는 따라 하기처럼 여긴다. 하지만 아리스토텔레스는 전혀 다르게 본다. 모방은 인간이 성장하는데 가장 본질적인 방식이라고 생각한다. 아기가 말을 배우는 모습을 생각해 보자. 부모의 말투를 따라 하며 말을 배우고, 표정을 따라 하며 감정을 익힌다.

모방하지 않는다면, 인간은 아무것도 배울 수 없다. 우리가 읽고 쓰는 법, 요리하고 걷는 법, 심지어 사랑하는 방식까지도 모두 누군가를 따라 하며 배운 것이다.

모방은 인간이 세상을 이해하는 가장 근본적인 기술이다. 생각해 보면 우리는 더 나은 사람이 되고 싶어서 누군가를 따라 한다. 존경하는 사람의 말투와 태도, 일하는 방식을 흉내 내며 배운다. 예술가는 훌륭한 작품을 보며 감각을 익히고, 사업가는 성공한 사람들의 전략을 분석하며 자신만의 길을 그린다. 하지만 모방은 단순한 복제가 아니다. 모방은 배움의 시작이며, 진짜 목적은 그 안에 나만의 색을 더하는 데 있다. 같은 레시피로 요리를 해도 사람마다 맛이 다르고, 같은 일을 해도 일하는 방식은 다르다. 모방은 남을 따라 하는 일에서 출발하지만 같은 일을 해도 일하는 방식은 다르다.

모든 것을 처음부터 혼자 깨우치기는 어렵다. 시간도 오래 걸리고, 시행착오도 많다. 그래서 우리는 앞서간 사람들의 길을 참고하고, 그 안에서 나만의 방향을 찾아간다.

자신에게 질문해 보자. "나는 지금 누구를 따라 하고 있는가? 그 안에 나만의 고유한 색은 얼마나 담겨 있는가?"

마음에 새겨 보세요

과정 속에 숨겨진 인생의 즐거움

其未得也則樂其意 旣已得之又樂其治(기미득야즉락기의 기이득지우락기치)
아직 얻지 못했을 때는 그것을 바라는 마음에서 즐거움을 찾고,
이미 얻은 후에는 그것을 다루는 데서 또 즐거움을 찾는다.

— 순자, 《순자》〈자도편〉

우리는 종종 목표를 이루는 것만이 행복의 조건이라고 생각한다. 하지만 순자는 과정과 결과 모두에서 즐거움을 찾아야 한다고 말한다. 목표에만 집착하다 보면 오히려 인생의 대부분을 무미건조하게 보낼 수도 있다.

순자는 목표를 향해 나아가는 과정에도 수많은 기쁨이 숨어 있다고 강조한다. 배움이든 운동이든 창작이든 우리는 성장하는 과정에서 자신의 변화를 경험하며 기쁨을 느낄 수 있다. 한 문장을 새롭게 이해했을 때, 어제보다 몸이 유연해졌을 때, 처음으로 자신이 만든 결과물에 감동했을 때, 그런 작은 순간들이 모여 삶은 깊고 풍요로워진다.

만약 목표를 이루었다면 끝일까? 아니다. 이미 이루었더라도 그것을 가꾸고 다듬는 과정에서 또 다른 즐거움이 생긴다. 좋은 관계도, 건강한 몸도, 배운 지식도 관리하지 않으면 사라진다.

목표 달성은 마침표가 아니라 새로운 시작이다. 성과를 유지하고 발전시키는 과정에서 더 깊은 만족감이 자라고 더 큰 기쁨이 따라온다.

진짜 즐거운 삶은 목표를 이룰 때만 존재하지 않는다. 배우는 순간, 도전하는 순간, 성취한 후 가꾸는 순간까지 모든 과정이 즐거움으로 채워질 수 있다. 결국 진정한 행복은 '목표를 향한 여정' 자체를 사랑하는 태도에서 비롯된다. 우리가 걷는 이 길 위에서 매일 매 순간 즐거움을 찾을 수 있다면, 그 자체로 인생은 기쁨으로 가득할 것이다.

오늘 당신은 과정에서 얼마나 즐거움을 찾았는가?

마음에 새겨 보세요

우리는 왜 이토록 사소한 일에 흔들릴까?

끝없는 시간의 심연과 광활한 우주를 떠올려 보라.
그런 다음 한 인간의 일생을 그 거대함과 비교해 보면,
우리가 원하고 소망하며 애쓰는 것들이
얼마나 사소한지 깨닫게 된다.

—세네카, 《서한집》

우리는 사소한 일에 너무 큰 의미를 부여하며 살아간다. 작은 실수 하나에도 스스로를 괴롭히고 남들의 시선에 신경을 곤두세우며, 예상치 못한 실패 앞에서 인생 전체가 무너지는 듯한 기분을 느낀다.

삶의 무게를 가볍게 만드는 가장 좋은 방법은 시야를 넓히는 것이다. 우주의 관점에서 보면, 인간의 삶은 그저 찰나일 뿐이다. 우리가 지금 가장 중요하다고 여기는 순간조차도 시간이 흐르면 희미한 기억으로 사라지고 만다. 수천 년 전 사람들의 기쁨과 고통이 우리에게 아무런 영향을 미치지 않듯 오늘 당신이 붙잡고 있는 고민도 결국은 사라질 운명이다. 우리가 붙잡고 있는 많은 걱정은 그저 순간적인 환상에 지나지 않는다.

오늘 하루 당신을 괴롭히던 걱정들을 다시 떠올려 보라. 인간의 삶은 짧고, 세상의 흐름은 거대하다. 지나가는 바람에 불과한 일이라면 굳이 붙잡고 서 있을 필요는 없다. 그럴 때 비로소 지금의 삶이 얼마나 가볍고 자유로워질 수 있는지 알게 될 것이다.

마음에 새겨 보세요

겸손히 질문하는 태도

敏而好學 不恥下問(민이호학 불치하문)
영민하면서 배우기를 좋아하고, 아랫사람에게 묻는 것도
부끄러워하지 않는다.

—공자, 《논어》

현대 사회는 '똑똑함'을 미덕이라 여긴다. 빠르게 이해하고, 정확히 말하며 실수 없이 판단하는 능력을 높이 평가한다. 그러나 공자는 전혀 다른 기준을 제시한다. 아무리 지위가 높고 지식이 많아도 아랫사람에게 묻기를 부끄러워한다면 진정한 배움은 일어나지 않는다고 말한다.

진정한 배움은 지식보다 태도에서 시작된다. 그 중심에는 언제나 겸손하게 질문하는 태도가 있다. 우리는 종종 모른다는 사실을 숨기려 한다. 질문하면 바보처럼 보일까 봐, 상대가 나를 얕볼까 봐, 스스로를 지키기 위해 침묵을 선택한다. 하지만 성장은 '모름을 인정하는 용기'에서 출발한다. 그리고 모르기에 누군가에게 던지는 겸손한 물음은, 우리를 더 단단하고 성숙한 사람으로 이끌어 준다.

배우기 위한 질문은 단순히 정보를 얻기 위한 수단이 아니다. 그건 나의 위치를 내려놓고, 진리에 가까워지려는 선택이다. 누군가에게 묻는다는 건 상대에 대한 존중이자 더 나아가고자 하는 삶의 태도다. 반면, 아는 체할수록 우리는 점점 더 고립된다. 배움의 문을 스스로 닫는 셈이다. 진정한 지혜는 무엇을 아는가를 자랑하는 데 있지 않고, 더 깊이 알고자 하는 열망에 있다.

우리는 매일 수많은 '모름'을 마주한다. 그 앞에서 선택할 수 있는 길은 두 가지뿐이다. 끙끙대며 아는 체하는 길과 용기 내어 묻고 함께 배우는 길이다.

공자는 분명히 말한다. 진짜 배움은 겸손한 질문에서 시작된다. 배움은 혼자의 싸움이 아니다. 서로의 세계를 넓혀 주는, 인간다움의 가장 진실한 연결이다.

마음에 새겨 보세요

괴로움의 진짜 이유

사람들은 일이 발생했을 때 그 상황 자체가 아닌,
그 상황에 대한 자신의 견해 때문에 괴로워한다.

— 에픽테토스, 《엥케이리디온》

우리는 모두 예상치 못한 일, 실패, 불운을 겪으며 괴로워한다. 하지만 에픽테토스는 말한다. 괴로움의 진짜 이유는 사건 자체가 아니라, 그것에 대한 우리의 해석이다.

나에게 벌어진 일이라는 건 그 자체로 중립적이고 객관적인 사실이다. 예를 들어 보자. 운전 중에 길이 막혔다. 이건 그저 차가 느리게 움직이고 있다는 사실일 뿐이다. 하지만 우리는 이렇게 해석한다. "왜 하필 오늘 이런 일이 생기지?", "내 소중한 시간이 왜 낭비되어야 하지?"

이러한 해석이 덧붙여지는 순간, 단순한 교통 정체는 순식간에 분노와 짜증으로 바뀐다. 이렇게 우리는 나에게 일어난 사실에 생각을 덧입힌다. 내 머릿속에 '무시당했어', '내가 못나서 그래'라는 생각이 스며들면, 누군가의 말 한마디조차 큰 상처가 된다. 결국 고통을 만드는 건 상황이 아니라 우리의 인식이다.

그렇다면 괴로움에서 벗어나는 첫걸음은 단 하나다. "이건 사실인가, 아니면 내 생각일 뿐인가?"라고 묻는 것이다.

이 질문을 던지는 순간, 삶은 놀라울 정도로 가벼워진다. 삶은 일어난 사건이 아니라, 우리가 그것을 바라보는 방식대로 흘러간다. 그러니 어떤 일이 벌어졌을 때, 해석하기 전에 잠시 멈추자. 그 잠깐의 멈춤이 바로 괴로움을 자유로 바꾸는 열쇠다.

마음에 새겨 보세요

욕망의 굴레에서 벗어나는 법

경험을 통해 우리는 한 가지 진실에 이르게 된다.
사람들이 가치 있다고 여기며
얻기 위해 애써 온 것들이, 막상 손에 쥐고 나면
기대했던 만큼의 만족을 주지 못한다는 사실이다.

— 에픽테토스, 《대화록》

어린 시절 갖고 싶었던 장난감을 손에 넣었을 때, 성인이 되어 원하던 직장을 얻거나 오랫동안 눈여겨본 물건을 샀을 때, 그 만족감은 얼마나 갔는가? 생각보다 기쁨은 오래가지 않는다. 원하는 것을 얻는 순간, 우리는 곧바로 새로운 목표를 찾는다. 또 다른 것을 원하고 그 목표를 향해 또다시 달린다. 이 욕망의 고리는 끝이 없다. 목표를 이루고, 욕망이 충족된 순간 더 큰 욕망이 우리를 덮친다.

그래서 목표를 이뤘는데도 허무하고, 더 많은 걸 이뤘는데도 허전하다. 그런데도 사람들은 이렇게 말한다. "다음번에는 진짜 만족할 거야." 하지만 그것은 환상이다. 수많은 부자와 권력자가 인생의 끝에서 허무함을 토로한 이유는 단 하나다. 욕망을 다 이뤘는데도 마음은 끝내 채워지지 못했기 때문이다.

애써 좇던 욕망이 결국 헛된 것이었음을 깨닫는 순간은 언젠가 온다. 욕망이 채워지는 순간, 더 강한 갈증이 시작된다는 사실을 미리 깨닫는다면 우리는 다른 방식으로 삶을 바라볼 수 있다.

욕망이 허무하다는 것을 깨닫는 순간, 우리는 진정으로 자유로워질 수 있다. 욕망이 아니라 이 순간의 가치를 발견할 수 있다면 삶은 훨씬 단순해지고 평온해진다.

에픽테토스가 말했듯, 삶에서 중요한 것은 욕망을 채우는 것이 아니라 그 욕망이 정말 필요한지 묻는 일이다. 원하는 것을 좇기보다, 이미 가진 것 속에서 충분함을 발견하는 사람만이 욕망의 굴레에서 벗어날 수 있다

마음에 새겨 보세요

쓸모없음의 쓸모에 대하여

匠者不顧, 木工不斫 夫子問其故, 曰 : 無所可用, 此謂不材樹以不材得終其天年
(장자불고 목공불착 부자문기고 왈: 무소가용 차위부재수이불재득종기천년)
목수는 그 나무를 돌아보지 않고, 베지도 않고 지나쳤다.
제자가 그 까닭을 물으니, 목수가 대답했다.
"쓸모가 없기 때문이다."
나무는 쓸모없음으로 인해 천수를 다하게 되었다.

—장자, 《장자》〈인간세〉

나이가 들수록 '쓸모'에 대한 고민이 깊어진다. 빠르게 변화하는 세상에서 자신의 역할이 줄어드는 것 같은 불안감은 누구나 느낀다. 젊은 후배들의 새로운 기술과 번뜩이는 감각을 보면 어쩔 수 없이 뒤처진 듯한 기분이 든다. 나는 과연 쓸모없는 사람일까?

장자의 나무 이야기는 '쓸모'에 대해서 다시 생각하게 한다. 한 목수가 제자와 길을 걷다 크고 아름다운 나무를 발견한다. 하지만 목수는 나무를 베지 않았다. 제자가 그 이유를 묻자 그는 이렇게 말한다. "이 나무는 쓸모가 없어 배를 만들면 가라앉고, 기둥으로 쓰면 벌레가 갉아먹을 것이네. 이 나무는 무용지물일세." 그러나 그날 밤, 꿈속에 나무가 나타나 목수를 꾸짖었다. "쓸모없다는 건 인간의 관점일 뿐이네. 쓸모없기에 나는 잘리지 않고, 오랫동안 살아남을 수 있었네."

나무는 그 자체로 나그네들에게 그늘을 제공하며, 이미 그 장소에 자연의 한 축으로 자리 잡고 있다. 목수가 보기에 쓸모없는 나무이지만, 자연의 관점에서는 무척 필요한 존재이다. 이는 쓸모라는 게 관점에 따라 달라질 수 있음을 보여 준다.

장자는 누군가 만들어 놓은 '작은 쓸모'에 집착하지 말라고 이야기한다. 쓸모 있음과 없음의 기준에서 벗어나야만 우리는 진정한 자기 자신을 발견할 수 있다. 나의 쓸모는 남이 만들어 놓은 기준이 아니라, 내가 자유롭게 창조하고 발견해 나가는 것이다. 쓸모없음을 두려워하지 말라.

마음에 새겨 보세요

내가 가진 소중한 특권

아침에 일어날 때, 살아 있다는 것, 숨을 쉴 수 있다는 것,
생각할 수 있다는 것, 즐길 수 있다는 것, 사랑할 수 있다는 것이
얼마나 소중한 특권인지 생각하라.

— 마르쿠스 아우렐리우스, 《명상록》

우리는 가진 것보다 가지지 못한 것에 쉽게 마음을 빼앗긴다. 그러나 우리는 이미 너무 많은 것을 가지고 있다. 그렇기에 하루를 시작하는 순간, 내가 가진 것을 돌아본다면 감사로 하루를 열 수 있다.

그렇다면 나는 무엇을 가지고 있을까? 내가 가진 가장 기본적이고도 중요한 것은 바로 '생명'이다. 살아 있다는 사실은 당연하게 여기기 쉽지만, 이는 소중한 축복이다. 우리는 숨을 쉬며 세상을 경험하고, 새로운 날을 시작할 수 있다.

그리고 자고 일어나는 이 공간, 내가 잠들었던 포근한 이불, 창문 너머로 들어오는 아침 햇살, 눈을 뜨자마자 마주하는 가족의 얼굴, 아무도 방해하지 않는 조용한 시간, 커피 한 잔을 마실 수 있는 여유, 나만의 생각을 정리할 수 있는 짧은 산책 시간 등 살펴보면 하루 내내 감

사할 것들이 무척 많다.

내가 지금 살고 있는 이 삶도 그냥 주어진 게 아니다. 우리는 자연의 흐름 속에서 태어나고 자라며, 많은 사람과 환경의 도움을 받으며 살아간다. 내가 이렇게 살아 있고, 매일을 경험할 수 있는 것도 수많은 인연과 도움 덕분이다. 지금의 나는 오랜 시간 동안 이어진 많은 연결의 결과다.

이제 하루를 시작하는 시간이 찾아오면, 내가 무엇을 갖고 있는지를 생각해 보자. 사소한 것도 괜찮다. 이렇게 이미 가진 것들을 떠올리며 하루를 시작하면 더 의미 있게 살아갈 수 있다.

마음에 새겨 보세요

자기 내부의 세계를 탐험하라

진실로 바라건대 당신 안에 있는 신대륙과 세계를 발견하는
콜럼버스가 되라.
각자는 하나의 왕국이며, 그에 비하면 러시아 황제의 대제국은
보잘것없는 작은 나라, 얼음에 의해 남겨진 풀 더미에 불과하다.

— 헨리 데이비드 소로, 《월든》

우리는 지금, 끊임없이 외부 세상만을 바라보는 시대에 살고 있다. 세상은 빠르고 요란하게 돌아간다. 핸드폰을 켜면 세상의 문제를 다 알아야 할 것 같고, SNS를 열면 나도 무언가를 이루어 보여 줘야 할 것 같은 조급함이 밀려온다.

하지만 그렇게 외부의 정보와 자극에 계속 노출될수록 내 안은 점점 텅 비어 간다. 항상 바깥세상만 바라보는 동안, 나 자신이 무엇을 느끼고 있는지 깨닫지 못하기 때문이다. 무엇이 나를 슬프게 했는지, 어떤 순간 내가 진심으로 웃었는지도 모른 채 하루가 그냥 지나간다.

소로는 이런 삶에서 벗어나 자기 자신을 찾기 위해 숲속으로 들어갔다. 그는 고요한 장소에서 자기 내면의 세계를 탐험했다. 그에게 진짜 세계는 뉴스나 평판, 유행이 아닌 '지금 여기의 나'였다. 그는 우리가 각자 자기 안에 왕국을 가지고 있다고 말했다. 그리고 그것은 세상의 어떤 제국보다도 깊고 넓다고 믿었다.

내면을 들여다보기 위해 거창하게 무언가를 할 필요는 없다. 자기 자신에게 무엇을 원하는지, 어떻게 생각하는지, 어떤 감정을 느끼는지를 물어보고 답해 나가면 된다. 우리는 종종 무언가를 '이뤄야만' 가치 있는 사람이라고 여긴다. 하지만 소로는 말한다. 존재 그 자체만으로도 우리는 이미 하나의 세계이며, 그 안에서 살아가는 것만으로도 충분히 의미 있다고.

지금 이 순간, 혹시 세상의 속도에 밀려 자기 자신을 잊어버린 것 같다면 이제 당신 안의 왕국을 탐험할 시간이다.

마음에 새겨 보세요

어리석음과 현명함 사이에서

인간은 자신이 믿고 있는 것보다 훨씬 어리석은 존재인 동시에
또한 현명한 존재이기도 하다.

─ 쇼펜하우어, 《소품과 부록》

인간은 똑똑해지고 싶어 한다. 논리를 따지고 계획을 세우며 실수를
반복하지 않으려 노력한다. 하지만 역사를 돌아보면 인간은 반복적
으로 같은 실수를 저질렀고, 때로는 믿기 어려울 정도로 어리석은 행
동을 했다. 쇼펜하우어는 인간은 자기 생각보다 훨씬 더 어리석은 존
재라고 말했다.

하지만 동시에 우리는 놀라울 정도로 현명하다. 인간의 눈부신 문명
과 과학, 건축물, 정치체계 등 인간은 위대한 결과물들을 만들어 냈
다. 어떨 때는 한없이 어리석고, 또 어떨 때는 위대한 무언가를 만들
어 내는 인간이라는 존재는 참으로 모순적이다.

우리는 완벽하게 현명한 존재도, 완전히 어리석은 존재도 아니다. 중
요한 것은 어리석음과 현명함이 공존한다는 사실을 인정하는 태도
다. 자신을 너무 과신하면 무지에 빠지고, 지나치게 스스로를 의심하

면 한 발짝도 나아가지 못한다. 우리는 실수를 통해 배우고, 때로는 어리석음을 받아들이면서도 성장하는 존재다. 그리고 더 나은 판단을 내리기 위해 스스로 반성하기도 한다.

그러니 가끔은 자신이 어리석은 사실을 인정하는 용기를 내 보자. 그래야만 우리는 진짜 지혜에 한 걸음 더 다가갈 수 있을 것이다. 어리석음을 인정할 때 우리는 비로소 현명해질 수 있다.

마음에 새겨 보세요

누구와 연결되어 있는가
– 관계는 인생의 중요한 열쇠다

타인을 통해 나를 배우는 시간

자신을 이해하려면,
우리는 타인의 경험을 이해하려고 노력해야 한다.
— 조시아 로이스, 《충성의 철학(The Philosophy of Loyalty)》

관계는 내가 누구인지 알려 주는 소중한 기회이다. 다른 사람과 관계를 맺다 보면, 저 사람이 왜 그런 행동을 하는지 이해하려 할 때가 있다. 누군가를 이해하려 애쓰는 과정에서 우리는 자신이 무엇에 공감하고, 무엇에 불편함을 느끼는지 알아간다. 타인을 바라보며 나를 배우는 것이다. 그래서 함께 살아간다는 건 단순히 곁에 있는 것이 아니라 서로를 통해 자신을 성장시키는 일이다.

우리는 흔히 관계를 '상대가 나를 얼마나 이해해 주는가'의 관점으로 본다. 하지만 진정한 관계는 그 반대 방향에서 시작된다. 내가 먼저 상대의 입장에서 생각해 보고, 나와 다른 삶의 배경이나 감정의 결을 기꺼이 받아들이려는 마음이 관계의 깊이를 만든다.

그렇게 타인의 말과 표정을 읽으려는 그 작은 순간들 속에서, 나는 무엇을 중요하게 여기는 사람인지, 어떤 기준을 가지고 살아가는 사람인지를 알아가게 된다. 남을 더 이해하려고 할수록 오히려 나 자신을 더 잘 이해하게 되는 것이다.

그때 비로소 우리는 진정으로 연결된다. 결국 관계란 '나'와 '너' 사이의 일이 아니다. 그것은 '나를 알아가기 위한 여정 속에 타인이 존재하는 방식'일 수 있다. 타인을 이해하려 애쓰는 순간, 우리는 뜻밖에도 자기 자신과 조금 더 가까워진다.

마음에 새겨 보세요

인정과 평가에 연연하지 않는다

人不知而不慍 不亦君子乎?(인부지이불온 불역군자호?)
남들이 나를 알아주지 않는다고 화내거나 속상해하지 않는다면,
진정한 군자가 아니겠는가?

— 공자, 《논어》〈학이편〉

우리는 자주 타인의 인정과 평가를 통해 자신이 누구인지 찾으려 한다. 특히, SNS를 통해 타인과의 비교가 극대화된 현대 사회에서는 더욱 그렇다. 다른 사람들의 화려한 성취나 삶의 모습을 보며 내가 이뤄낸 것마저 초라하게 느껴질 때가 많다. 공자는 이러한 태도에서 벗어나야 진정한 자유를 얻을 수 있다고 말한다.

공자가 말한 군자는 외부의 평가나 인정에 흔들리지 않는다. 누군가 자신을 높게 평가하지 않더라도 화내거나 속상해하지 않으며, 자신의 가치를 스스로 결정하는 사람이다. 사실 타인의 인정은 불확실하며, 내가 어떤 평가를 받을지도 알 수 없다. 거기에 매달리는 것은 스스로를 불안정한 상태로 몰아넣는 것과 같다. 열 명의 사람이 있다면, 그 열 명이 내리는 평가는 모두 다를 수 있다.

남들의 평가는 내 인생에 그리 큰 의미가 없을지도 모른다. 누군가 나를 칭찬한다고 해서 내 모든 것이 완벽해지는 것도 아니고, 누군가 나를 비난한다고 해서 내 가치가 사라지는 것도 아니다.

중요한 것은 내가 나의 가치를 어떻게 바라보느냐다. 공자가 말한 군자의 삶은 결국 나에 대한 믿음에서 시작된다.

그러니 이제 타인의 시선에서 벗어나 자신만의 길을 걸어가자. 내 가치를 스스로 인정할 때, 비로소 진정한 자유와 평온을 얻을 수 있다. 나 자신을 믿는 것이야말로 흔들리지 않는 삶의 시작이다.

마음에 새겨 보세요

고독이 필요한 시간

나는 나 자신을 기다려야 한다.
내 자아의 샘으로부터 물이 나올 때까지는 시간이 걸린다.
그리고 내가 인내할 수 있는 것보다 더 오랜 시간 갈증을 참아야 한다.
그래서 나는 고독으로 들어간다.

— 니체, 《아침놀》

자기 자신으로 살아가려면 반드시 고독을 경험해야 한다. 우리는 태어나면서부터 가족, 학교, 사회가 제시하는 기대와 규칙 속에서 살아간다. '이렇게 해야 좋은 사람이다', '이런 길이 안정적이다'라는 말을 들으며 자란다. 그렇게 자연스럽게 타인의 시선을 의식하고 그 틀 안에서 살아간다.

그러다 어느 순간 우리는 '나는 누구인가'라는 질문을 어색하게 여기고, 그에 대한 답을 쉽게 찾지 못한다. 우리는 남들이 기대하는 모습에 익숙해지는 대신, 정작 내가 누구인지에서 점점 멀어진다.

고독은 자기 자신과 마주할 기회를 준다. 혼자만의 시간을 가지며 스스로에게 질문하고 답하면서 점점 나에 대한 고민이 깊어진다.

물론 고독은 인내를 요구한다. 자기 자신으로 살아가는 것은 결코 쉬운 일이 아니다. 남들이 정해 놓은 기준을 따르는 것이 훨씬 편할 수도 있다. 고민할 필요도 없고, 정답이 이미 주어져 있기에 그저 따라가기만 하면 된다. 반면 고독은 불안과 외로움을 동반한다. 나에 대한 숙제는 오로지 스스로만 풀 수 있기 때문이다.

중요한 건 자기만의 인생 기준을 세우는 일이다. 하지만 이 기준은 남들이 대신 만들어 줄 수 있는 것이 아니다. 오직 고독 속에서 깊이 고민하고, 여러 번의 시행착오를 거쳐야만 세워진다. 그래서 우리에게는 오늘도 혼자만의 시간이 필요하다.

마음에 새겨 보세요

인생의 의미는 연결 속에 있다

인간은 타인과의 관계를 통해서만
의미를 경험할 수 있다.

— 한나 아렌트, 《인간의 조건》

우리는 늘 누군가와 함께 살아간다. 가족, 친구, 동료, 이웃뿐 아니라, 같은 공간과 시간을 공유하는 타인들까지 포함된다. 그리고 관계는 내가 살아 있다는 느낌을 들게 한다. 어떤 이는 한 사람의 미소에 위로받고, 어떤 이는 짧은 대화 속에서 자신의 존재감을 느낀다.

관계는 서로가 서로에게 '존재의 증거'가 되어 준다. 물론 관계는 항상 즐겁게 다가오지는 않는다. 때로는 충돌이 일어나고, 오해가 쌓이기도 한다. 하지만 그 속에서도 우리는 배운다. 다른 존재와 부딪히며, 내가 어떤 사람인지 조금씩 알아간다.

한나 아렌트는 인간의 조건으로 '타인과의 관계'를 강조했다. 삶의 의미는 혼자 있다고 해서 생기는 것이 아니다. 서로의 삶이 겹치는 지점에서 발생한다. 그 자리가 우리가 살아 있음을 가장 또렷이 느끼는 순간이다.

삶이란 결국 내가 누구인지 말하는 것이 아니라, 누군가와 함께 있을 때 내가 어떤 모습으로 살아가는가에 관한 이야기다. 그렇게 내가 누군가와 연결될 때 나의 진짜 모습이 드러나고, 인생의 의미도 발견하게 된다.

마음에 새겨 보세요

타인은 나를 비추는 거울이다

타인은 지옥이다.

—사르트르, 《닫힌 방》

사르트르가 남긴 이 문장은 종종 오해받는다. 마치 인간관계에서 상처받은 우리를 위로하는 듯 들리기 때문이다. 그래서 사람들은 이 말을 인용하며 속으로 고개를 끄덕인다. "맞아, 역시 사람 때문에 힘들어."

하지만 타인은 정말 지옥이고, 나에게 끔찍한 존재이기만 할까? 사실 타인은 나를 비추는 거울이며, 내가 누구인지를 알려 주는 존재다.

누군가가 나를 무시하면 나는 내가 무시당할까 두려워하고 있다는 사실을 깨닫는다. 누군가가 나를 칭찬하면, 나는 내가 타인의 인정에 얼마나 목말라 있었는지를 알게 된다. 타인은 나의 욕망을 비추는 거울이고, 그 거울을 통해 나는 나를 본다.

어쩌면 진짜 지옥은 타인이 아니라, 내가 나를 외면하고 사는 삶일지도 모른다.

사르트르는 존재란 '타인의 시선을 통해' 성립된다고 말했다. 그 시선은 불편하지만 동시에 필수적이다. 누군가가 나를 바라볼 때, 나는 비로소 나의 모양을 갖는다. 그 모양이 낯설고 어색하더라도, 그것은 분명 '나'다. 나는 타인을 통해 나를 마주할 수밖에 없다.

그러니 "타인은 지옥이다"라는 말은 선언이 아니라 역설이다. '타인이 문제다'가 아니라 '나는 나를 모른다'는 고백이다. 타인이 있어야만 우리는 우리가 누구인지 알 수 있다. 불편하지만 필수적인 거울, 상처를 줄 수 있지만 성장도 일으키는 존재가 바로 타인이다. 오늘도 누군가의 말에 마음이 흔들린다면, 너무 자책하지 말자. 그 흔들림은 당신이 살아 있다는 증거다.

타인은 지옥일 수 있다. 하지만 그 지옥은, 나를 비추는 정직한 거울이기도 하다. 그 거울 앞에서 나를 똑바로 바라보자. 그때 우리는 진짜 자유를 향해 한 걸음 나아갈 수 있다.

마음에 새겨 보세요

빛나는 돌은 소리치지 않아도 빛난다

自見者不明 自是者不彰 自伐者無功 自矜者不長
(자견자불명 자시자불창 자벌자무공 자긍자불장)
스스로 드러내려는 자는 밝게 빛나지 못하고
스스로 옳다고 하는 자는 존경받지 못하며
스스로를 자랑하는 자는 공을 이루지 못하고
스스로 거만한 자는 오래가지 못한다.

—노자, 《도덕경》

세상에는 자신이 잘났다고 생각하며 남을 깎아내리는 사람들이 있다. 자신의 능력을 과장하고 자랑하며 비교하려 한다. 하지만 교만하고 오만한 사람은 오래가지 못한다. 거만함은 방심을 낳고, 방심은 몰락을 부른다. 처음에는 잘나가던 사람도 자만심이 커지면 나태해지고, 주변의 조언을 무시하며, 스스로를 최고라고 착각하게 된다.

교만한 사람은 신뢰를 쌓기가 어렵다. 보통 자신을 과대평가하는 사람일수록 겉으로는 강해 보이지만 속은 불안하다. 자신이 인정받지 못할까 봐, 남들보다 뒤처질까 봐 초조해하며 끊임없이 자신을 포장한다. 하지만 이런 사람은 시간이 지나면서 본모습이 드러나고, 신뢰를 잃게 된다.

반면, 조용히 실력을 쌓은 사람은 스스로를 내세우지 않아도 자연스럽게 빛을 발한다. 사람들은 요란한 말보다 묵묵한 실력을 믿는다.

자기 자랑은 결국 자기 가치를 스스로 깎아내리는 일이다. 아무리 뛰어난 업적을 쌓았다고 해도, 그 공을 온전히 인정받으려면 다른 사람이 말해야 한다. 자기가 나서서 자랑하는 순간, 그 공은 반감된다. 자기 자랑이 많은 사람일수록 타인의 공을 깎아내리고, 결국 주변 사람들의 신뢰를 잃는다. 오히려 묵묵히 노력하는 사람이 시간이 지나면서 더 큰 성취를 이루고, 남들에게 인정받는다.

결론적으로 스스로를 드러내려 하면 오히려 가려지고, 과시하려 하면 결국 무너진다. 진정한 성공과 존경은 겸손과 실력에서 나온다. 스스로를 자랑하지 않아도 남들이 알아봐 줄 때까지 조용히 실력을 쌓아야 한다. 빛나는 돌은 굳이 소리치지 않아도 결국 세상에서 가장 빛나는 법이다.

마음에 새겨 보세요

혼자 있는 시간, 내면이 자라는 순간

당신의 고독한 상태를 유지하라.
그들의 혼란 속으로 뛰어들지 마라.

— 랠프 월도 에머슨, 《자기 신뢰》

어느 날 카페 한구석에서 혼자 앉아 창밖을 멍하니 바라본 적이 있다. 거리는 분주했고, 사람들은 누구 하나 쉬지 않고 통화하며 바쁘게 움직이고 있었다. 그런데 이상하게도 그 순간, 나는 혼자 있는 시간이 더 충만하다는 것을 느꼈다. 아무런 방해 없이 스스로의 생각을 깊이 들여다볼 수 있었기 때문이다. 바로 그때 알았다. 누구와도 연결되지 않은 그 시간이야말로, 내 존재가 가장 또렷하게 빛나는 순간이라는 것을. 랠프 월도 에머슨은 세상의 소란에서 벗어나는 순간 비로소 자기 자신과 마주할 수 있다고 말한다.

많은 사람이 혼자 있는 것을 두려워한다. 마치 사회에서 소외되는 것처럼 느껴지기 때문이다. 하지만 고독과 고립은 다르다. 고독은 내면을 탐색하고 삶의 본질적인 질문과 마주할 기회를 준다. 반면, 끊임없이 타인과 연결된 삶은 생각을 산만하게 만들 뿐, 깊이 있는 통찰은 주지 않는다. 자기 자신과 대화하지 않으면, 결국 자신이 누구인지도 알 수 없다.

실제로 창조적인 사람들은 혼자 있는 시간에 통찰을 얻었다. 아인슈타인은 혼자 산책하며 과학적 사고를 정리했고 위대한 소설가들은 철저한 고독 속에서 작품을 탄생시켰다. 빌 게이츠는 매년 '생각 주간(Think Week)'을 가지며, 세상과 단절한 채 사유에 집중한다. 그들에게 고독은 더 나은 자신을 위한 필수 의식이었다.

처음에는 혼자 있는 시간이 어색하고 불편할 수 있다. 하지만 그 순간이 지나면 더 이상 타인의 혼란에 휘둘리지 않는다. 세상의 속도에 떠밀려 지쳤다면 잠시 멈추어 자신만의 공간을 만들어 보자. 혼자 있는 시간을 받아들이는 순간, 당신의 내면은 단단해지고 세상을 바라보는 눈도 달라질 것이다.

마음에 새겨 보세요

말은 닿을 때만 해야 한다

入則鳴 不入則止(입즉명 불입즉지)
받아들여지면 이야기를 하고, 들어주지 않으면 그만두고 그대로 있어라.
— 장자, 《장자-내편》〈인간세〉

누군가와 만날 때 어떤 말을 해야 할까 고민하는 순간이 있다. 그때 장자는 내가 상대방에게 하는 말이 받아들여질 여지가 있는지를 살펴야 한다고 말했다.

우리는 종종 사람들에게 자신의 생각을 말로 전하고 싶어 한다. 그러나 상대가 받아들일 준비가 되어 있지 않다면, 아무리 좋은 말이라도 간섭만 될 뿐이다. 아이에게 너무 많은 충고를 하면 부담이 되고, 친구에게 끝없이 해결책을 제시하면 오히려 멀어진다. 조언이든, 가르침이든, 진심 어린 걱정조차도 듣는 사람이 마음을 열지 않으면 벽에 부딪히고, 거부감을 불러일으킨다.

그래서 때로는 침묵이 더 강한 메시지가 되기도 한다. 아무리 좋은 씨앗도 준비되지 않은 땅에서는 뿌리를 내릴 수 없다.

말이 필요한 순간은 우리가 아니라, 상대가 정하는 것이다. 말이 닿을 때만 말해야 한다. 조용히 기다릴 줄 아는 사람이 진정한 지혜를 가진 사람이다. 어떤 순간에도 개입하려 들지 말고, 상대가 문을 열 때만 들어가야 한다. 그러면 말에 힘이 실리고, 조언은 진짜 가치를 발휘한다. 이런 태도를 갖추면 우리의 인간관계도 한층 더 깊어진다. 말이 필요 없는 순간을 알게 되고, 침묵 속에서도 신뢰가 쌓인다. 억지로 개입하지 않고 기다릴 줄 아는 사람에게는 오히려 상대가 먼저 다가온다.

우리가 하는 말이 정말 필요한 순간에만 쓰인다면, 그 말은 더욱 빛날 것이다. 말하고 싶을 때마다 입을 열지 말고, 상대가 들을 준비가 되었을 때만 전해야 한다.

마음에 새겨 보세요

혼자 있는 시간의 힘

나는 주로 혼자 시간을 보내는 것이 유익하다고 생각한다.
아무리 좋은 사람이라도 같이 있다 보면 금방 지루해지고 주의가 산만해진다.
고독만큼 같이 지내기 좋은 친구를 아직 찾아내지 못했다.

—헨리 데이비드 소로, 《월든》

지금 우리는 모든 것이 연결된 시대를 살아가고 있다. 스마트폰만 있으면 언제든지 대화할 수 있고, SNS를 통해 실시간으로 타인의 삶을 엿볼 수 있다. 그러나 이 연결은 종종 우리 내면의 평화를 방해한다. 사람들과의 과도한 소통은 우리의 집중력을 흩뜨리고 삶의 본질에서 멀어지게 만든다.

예를 들어 사람들은 SNS나 카카오톡, 미디어를 통해 끝없이 이어지는 알림 속에서 서로의 시간을 방해한다. 미디어는 연예인 소식과 가십을 끊임없이 전하며 사람들을 자극한다. 누군가가 100억 원짜리 건물주가 되었다는 소식이나, 해외에서 수억 원짜리 명품 가방을 들고 나타났다는 이야기에 우리는 열렬히 반응하곤 한다. 이러한 자극은 시선을 외부로 향하게 하며, 스스로를 돌아보는 시간을 빼앗는다.

사람들의 일상이나 각종 이슈를 매일같이 확인하며 비교하는 일은 우리가 자신에게 집중해야 할 시간을 모두 빼앗아 간다.

그래서 끊임없는 자극에서 벗어나 자신과 마주하는 고독이 필요하다. 그 안에서 내가 진정으로 원하는 삶을 발견할 수 있다. 이러한 성찰은 타인과의 소통에서는 얻을 수 없는, 오롯이 혼자일 때만 가능한 선물이다.

우리는 고독 속에서 진정한 나 자신과 만난다. 이 만남은 더욱 충만한 삶을 위한 시작점이 될 것이다.

마음에 새겨 보세요

모든 만남에는 배울 게 있다

見賢思齊焉 見不賢而內自省也(견현사제언 견불현이내자성야)
어진 이를 보면 그와 같아지기를 생각하고,
어질지 못한 이를 보면 스스로를 반성하라.

— 공자, 《논어》

우리는 하루에도 수많은 사람을 마주한다. 때로는 감탄할 만한 품성을 지닌 사람도 만나고, 때로는 고개를 젓게 만드는 언행을 마주하기도 한다. 공자는 이러한 모든 만남을 배움의 기회로 삼으라고 조언한다. 존경할 만한 사람은 우리의 기준이 되고, 부족한 사람은 무엇을 하지 말아야 하는지를 알려 주기 때문이다.

예를 들어 길을 건너며 아이의 손을 꼭 잡는 부모, 재활용품을 정성스레 분류하는 노인, 엘리베이터 버튼 하나를 양보하는 이웃은 말없이 삶의 태도를 가르쳐 준다. 반대로, 약속을 가볍게 깨는 친구, 온라인에서 독설을 댓글로 남기는 사람, 교통법규를 무시하는 운전자 역시 하지 말아야 할 행동이 무엇인지 알려 주는 실시간 교과서가 된다. 우리는 타인의 행동을 보며 자신을 점검하고 돌아볼 수 있다.

중요한 것은 판단하거나 비난하기 전에 관찰자의 자리에 서 보는 일이다. 상대방의 행동도 열심히 관찰해야 하지만, 내 안에 떠오르는 감정도 관찰 대상이다. 좋은 마음이 일어날 땐 무엇이 그 마음을 일으켰는지 살펴보며 내 삶에 적용해 본다. 불편한 감정이 일어날 때는 왜 그렇게 느끼는지를 고민하며 하지 말아야 할 행동을 덜어낸다. 이렇게 타인을 통해 나를 비추어 보는 연습이 쌓이면, 더욱 성숙한 내가 되어 간다.

공자가 말한 대로 누군가의 빛은 나의 길이 되고, 누군가의 그림자는 내가 더 밝아질 기회를 준다. 그러니 내일도 무심코 스쳐 지나갈 사람들을 배움의 스승으로 맞이하자. 타인에게서 발견한 깨달음이 우리 모두를 조금씩 더 나은 사람으로 이끌어 줄 것이다.

마음에 새겨 보세요

화가 나도 나를 잃지 않는다

괴물과 싸우는 사람은 그 과정에서
자신이 괴물이 되지 않도록 조심해야 한다.
당신이 오랫동안 심연을 들여다본다면,
심연 또한 당신을 들여다본다.

— 니체, 《선악의 저편》

인간관계에는 갈등이 따라다닌다. 가족, 친구, 직장 동료와의 말 한마디, 표정 하나에 감정이 상하고, 기대와 현실이 어긋나면서 그 괴리로 인한 서운함이나 분노, 때론 깊은 상처를 경험한다.

갈등이 커지는 이유는 단순하다. '내가 옳다'는 확신과 '이해받고 싶다'는 욕구 때문이다. 우리는 자신의 생각과 감정을 기준으로 타인을 바라본다. "저 사람은 왜 저렇게 말하지?", "내가 이렇게 했으면 당연히 알아줘야지"라는 생각은, 우리 안의 기대와 해석을 바탕으로 형성된다. 그런데 상대방도 마찬가지로 자기만의 기준을 가지고 있기 때문에 충돌은 불가피하다.

감정이 격해지면 서로 상처 주는 말을 주고받는다. 하지만 한번 내뱉은 말은 되돌릴 수 없다. 어느새 서로가 공격적인 사람이 되어 버린다. 결국 사소한 의견 차이로 시작된 갈등이, 관계를 망치는 싸움으로 번지고 만다.

이때 중요한 건 선을 지키는 태도다. 갈등이 생겨도 극단적으로 행동하지 않아야 한다. 화가 솟구친 순간 감정을 있는 대로 쏟아내지 않아야 한다. 내 말이 상대에게 어떤 영향을 줄지 생각해야 한다. 때로는 한 걸음 물러나는 태도가 필요하다. 무조건 참으라는 말이 아니다. 내 행동이 나를 망치지 않도록 조심해야 한다는 뜻이다.

사실 상대의 잘못만 바라보면 나도 점점 부정적으로 변한다. 화가 날수록, 미워할수록 스스로도 함께 무너진다. 순간의 감정이 극단적인 말과 행동을 부르고 결국 남는 건 자책과 후회뿐이다. 그래서 니체의 말처럼 우리는 갈등 속에서도 자신을 지켜야 한다. 감정에 휘둘리지 않고 적절한 선을 유지하는 것이 나를 유지하는 관계를 지키는 길이다.

마음에 새겨 보세요

남을 어떻게 보는지가 나를 말해 준다

다른 사람에게서 우리가 짜증을 느끼는 모든 순간은
사실 우리 자신을 이해하는 데 도움이 될 수 있다.

—카를 융, 《기억 꿈 사상》

누군가를 보면 이유 없이 불편해지는 순간이 있다. 괜히 행동이 못마 땅하고 말투도 거슬린다. 가만히 보고만 있어도 왠지 모르게 미운 감정이 올라온다.

심리학자 카를 융은 이런 불편함이 사실 내 안의 '그림자' 때문일 수 있다고 말한다. 인정하지 않거나 숨기고 싶은 내 모습이 타인의 행동에서 보일 때 마음은 자동으로 예민해진다. 그래서 상대를 탓하며 불쾌한 감정이 올라온다.

회의에서 누군가가 적극적으로 의견을 내면 '괜히 튀려고 한다'고 느낀다고 해 보자. 나는 항상 눈에 띄지 않으려 조심하면서도 마음속 깊은 곳에는 '나도 자유롭게 말하고 싶다'는 마음이 공존한다. 하지만 스스로 그것을 금지해 왔다. 그 억눌린 욕구가 상대의 행동에 투영되어 거슬림이라는 감정으로 돌아오는 것이다.

반대의 경우도 있다. 지나치게 느긋한 사람을 보면 '답답해서 못 보겠다'며 화가 난다. 하지만 내 삶을 들여다보면 나는 늘 바쁘게 움직이며 긴장 속에 살아왔다. 내 마음속에 느긋해지고 싶은 욕망이 상대방의 태도에 반사돼 불편함으로 튀어 오른다.

결국 '싫다'는 감정은 억눌려 있던 나의 숨겨진 모습을 알려 주는 신호일 수 있다. 그래서 누군가를 반복해서 싫어한다면 잠시 스스로에게 물어야 한다. "이 사람을 보며 느낀 불편함은 내 안의 어떤 욕구, 두려움, 열등감과 연결되어 있을까?" 이 질문을 던지는 순간, 불편한 감정은 자기 이해의 단서가 된다. 비슷한 유형의 사람에게 자주 거슬리는 감정을 느낀다면 그 안에는 내 그림자가 있을 수 있다.

타인을 통해 비친 내 모습을 읽어 낼 때 불편한 감정은 결국 나를 성장시키는 열쇠가 된다.

마음에 새겨 보세요

모두가 말하려 할 때 듣는 사람이 되라

상식은 세상에서 가장 공평하게 분배된 것이다.
누구나 자신이 충분히 갖고 있다고 믿기 때문이다.

— 데카르트, 《방법서설》

누군가와 대화를 나눌 때 가장 어리석은 태도는 '내가 더 옳다'는 확신을 앞세워 상대의 말을 무시하는 것이다. 반대로 겸손하게 듣는 사람은 자신의 의견을 앞세우기보다 일단 들으려 한다. 겸손은 지식이 부족하다는 뜻이 아니라, 대화를 통해 내 지식을 더 확장하고 싶다는 태도다. 회의 자리에서 이런 모습을 본 적이 있다. 신입 사원이 제안한 아이디어가 다소 투박해 보였지만, 팀장은 말을 자르지 않았다. 그는 "이 제안의 전제가 뭔지 더 설명해 줄 수 있나?"라고 묻고, 끝까지 메모하며 들었다. 결국 그 아이디어는 팀이 미처 생각하지 못한 새로운 시장을 보여 줬다. 팀장은 "처음엔 내 관점으로만 보니 무의미해 보였지만, 설명을 듣다 보니 방향을 바꿔야겠다는 생각이 들었다"라고 말했다. 겸손한 경청 덕분에 팀 전체가 배운 셈이다.

모두가 말을 많이 하려 할 때, 묵묵히 듣는 사람의 가치는 저절로 높아진다. 모두가 단정 지으려 할 때, 천천히 판단하는 사람이 신뢰를 얻는다. 세상은 하나의 정답으로 굳어 있지 않다. 다양한 시선이 겹칠 때 더 깊은 통찰이 탄생한다. 그러려면 먼저 '나는 아직 모를 수 있다'는 태도가 필요하다.

오늘 누군가의 말을 끝까지 들었다면, 그 안에 내가 놓친 삶의 실마리가 있었을지도 모른다. 훌륭한 화자(話者)가 되기 전에, 더 훌륭한 청자(聽者)가 되어야 한다. 진짜 지혜는 '내가 맞다'는 느낌이 강하게 올라올 때 한 박자 멈춰 귀 기울이는 힘에서 시작된다.

마음에 새겨 보세요

내가 싫은 건 타인도 싫어한다

己所不欲 勿施於人(기소불욕 물시어인)
자기가 원하지 않는 것은 남에게도 하지 마라.

— 공자, 《논어》

살면서 가장 단순하지만 지키기 어려운 규칙이 있다. '내가 싫어하는 일을 남에게도 하지 않기'다. 이 규칙이 쉽지 않은 까닭은 분명하다. 상대의 처지를 내 일처럼 헤아릴 줄 알아야 하기 때문이다.

다른 사람의 입장에서 생각한다는 것은, 상대의 감정과 상황을 머릿속에 그려 보고 그 마음을 짐작해 보는 일이다. 친구가 시험에 떨어져 속상해할 때 "많이 힘들지?"라고 먼저 따뜻한 말을 건네면 상대는 홀로 아프지 않다는 안도감을 느낀다. 이는 단순한 친절이 아니라, '내가 그 입장이라면 어땠을까?'라는 질문에서 비롯된 행동이다.

공자는 내가 듣기 싫은 말, 꺼려지는 행동, 무시로 느껴질 시선을 남에게 건네지 말라고 했다. 이 말은 "나였다면 어떨까?"라는 질문을 기반으로 타인을 이해하려는 삶의 태도다.

이를 일상으로 옮겨 보자. 친구 다섯이 주말 여행 일정을 짜는 중이다. 한 친구가 "나는 버스 멀미가 심해"라고 조심스레 말한다. 나머지 네 명은 이미 장거리 버스 노선을 확인해 둔 상태였지만, 그 말을 듣고 이동 수단을 기차로 바꾼다. 여행 준비는 조금 번거로워졌지만, "내가 멀미를 겪는 입장이라면?"이라는 질문이 자연스럽게 다른 결정으로 이끈다. 장황한 설득이나 원망 없이 모두가 편안한 선택을 찾는 순간, 관계는 한결 부드러워진다.

타인의 입장에서 생각하는 일은 타고난 재능이 아니다. 나를 성찰하며, 상대의 입장을 헤아리고 이를 실천하는 과정 속에서 우리는 조금씩 배워 간다. 이렇게 타인의 입장을 고려하는 태도는 매 순간 선택하고 실천해야 할 삶의 기술이다.

마음에 새겨 보세요

사회적 삶과 고독의 균형

내가 진짜 나 자신이 되는 경우는 오직 고독할 때뿐이다.
자유를 즐길 수 있는 상황도 나 혼자 있을 때뿐이다.
모든 관계는 반드시 얽매임과 희생을 요구하며,
자신의 색깔이 뚜렷할수록 이러한 요구를 잘 느낀다.

— 쇼펜하우어, 《소품과 부록》

우리는 자유롭기를 원한다. 그러나 역설적이게도 사회적 관계 속에서는 좀처럼 자유를 느끼기 어렵다.

사교모임은 즐거움을 줄 수 있지만, 동시에 우리에게 많은 제약을 가한다. 모임에서 우리는 분위기를 해칠까 봐, 혹은 타인의 반응이 두려워서 자신의 생각을 그대로 표현하지 못할 때가 많다. 우리는 그렇게 사회적으로 적절한 모습으로 다듬어진다. 그러나 그 과정에서 만들어진 모습이 과연 진짜 나 자신일까?

'나답다'는 것은 자신의 생각과 감정을 숨김없이 드러낼 수 있는 상태를 뜻한다. 그런 의미에서 우리는 사교 속에서 점점 '나'를 잃어가고 있을지도 모른다. 반면 고독 속에서는 눈치 볼 필요가 없다. 사회적 기대에 맞출 필요도, 타인의 시선을 의식할 이유도 없다. 하고 싶은 말을 하고, 원하는 방식으로 행동할 수 있다. 더 나아가 자신과의 대화를 통해 내면을 깊이 들여다볼 기회를 얻는다. 이것이야말로 진정한 자유다. 남에게 맞추는 삶이 아니라, 나 자신을 기준 삼아 생각하고 판단하는 삶이다.

물론 인간은 사회적 존재이기에 완전히 고립되어 살아갈 수는 없다. 하지만 사교적 삶과 고독의 균형이 무너지면 우리는 타인의 기준에만 맞춰 살아가게 된다. 결국 사교란 일종의 거래다. 타인과의 즐거움을 얻는 대신 일정 부분의 자유를 내어주는 것이다. 반대로 고독은 외로워 보일 수 있지만, 그 안에 가장 순수한 자유가 존재한다.

많은 철학자와 사상가들이 깊은 고독 속에서 위대한 통찰을 얻었다. 우리 역시 고독 속에서 비로소 진짜 나 자신과 마주할 수 있다.

마음에 새겨 보세요

어진 사람은 적이 생기지 않는다

仁者無敵(인자무적)
어진 사람에게는 적이 없다.

— 맹자, 《맹자》〈양혜왕 상〉

살다 보면 우리는 종종 누군가를 이기고 앞서야 한다는 강박에 휘말린다. 그러다 보면 어느새 누군가를 밀어내고, 의식하든 하지 않든 적이 생겨난다. 적이 만들어지는 것은 단순한 갈등을 넘어 오래도록 나를 방해하는 일이 된다.

한번 생긴 적대감은 쉽게 사라지지 않는다. 작은 오해가 큰 원한으로 번지기도 하고, 경쟁자는 내가 가장 약할 때를 기다리며 그림자처럼 따라붙는다. 처음에는 이기고 앞서는 것처럼 보여도, 결국 그 관계에 발목이 잡히는 경우가 많다. 그렇다면 어떻게 해야 적을 만들지 않을 수 있을까?

전국 시대의 군주인 양혜왕(梁惠王)은 "내가 주변 나라보다 군사력도 강하고 영토도 넓은데, 왜 백성들은 나를 따르지 않는가?"라고 맹자에게 물었다. 맹자는 답했다. "왕이 진정으로 백성을 사랑하고, 백성의 고통을 먼저 헤아린다면 그들은 왕을 따를 것입니다. 군사력이나 명령이 아니라, 어진 마음이 사람들을 움직입니다."

그렇다면 맹자가 말한 어진 사람이란 어떤 사람일까? 맹자가 말한 어진 사람은 타인의 고통을 자기 일처럼 여기며 개인의 이익보다 공동의 선(善)을 우선하는 사람이다. 그는 '측은지심'을 바탕으로 남을 돕고, 권력이나 부를 쥐고도 절제할 줄 안다.

이런 사람은 신뢰로 사람을 얻는다. 맹자는 어진 사람이야말로 적을 만들지 않고 사람들의 마음을 모을 수 있다고 보았다. 그래서 참된 강함은 어진 마음에서 시작된다고 말한 것이다.

결국 맹자가 말한 '어진 사람은 적이 없다'는 원리는 가장 현실적인 생존 전략이다. 강함이란 상대를 꺾는 것이 아니라, 함께 살아갈 수 있는 관계를 만들어 내는 힘이다. 어진 사람이 적이 없는 이유는, 그가 싸우지 않아서가 아니라 처음부터 싸울 필요 없는 관계를 만들기 때문이다.

마음에 새겨 보세요

건강한 관계의 조건

역설적이게도 혼자 있을 수 있는 능력이
사랑할 수 있는 능력의 조건이다.

— 에리히 프롬, 《사랑의 기술》

우리는 흔히 사랑이란 '함께 있음'에서 비롯된다고 생각한다. 외로움을 견디지 못할 때, 그 빈자리를 누군가가 채워 주기를 바랄 때 비로소 사랑이 시작된다고 믿는다. 그러나 프롬은 이와는 반대로 말한다. 혼자 있을 수 있는 능력, 즉 고독을 감당할 수 있는 사람이야말로 진정한 사랑을 할 수 있다는 것.

사실 혼자 있는 시간을 두려워하는 이들은 타인에게 기대어 자기 자신을 찾으려고 한다. "나는 그 사람이 있어야 나답다"고 말할 때, 우리는 종종 그 사람을 사랑이 아닌, 의존의 대상으로 삼고 있을지도 모른다. 그러나 관계는 이런 의존에서 시작될 때 자주 불안정해진다. 상대가 조금만 멀어져도 흔들리고, 감정의 기복에 쉽게 휘둘린다.

이는 사랑이 아니라 불안을 달래기 위한 심리적 거래에 가깝다. 일종의 비즈니스인 셈이다. 그래서 필요한 건 혼자 있을 수 있는 능력이

다. 스스로를 돌보고, 자신에게 말을 걸고, 내면의 공허함을 외부로
채우지 않아도 견디는 힘이다. 이러한 능력이 있어야 타인에게 얽매
이지 않고, 있는 그대로 상대를 받아들일 수 있다. 고독을 감당할 수
있는 사람은 상대의 부재 앞에서도 무너지지 않는다. 그리고 그만큼
깊고 단단한 관계를 맺는다.

프롬은 사랑을 기술이라고 보았다. 혼자 있는 연습은 사랑이라는 기
술의 첫 번째 단계다. 침묵 속에서 나의 진짜 소리를 듣고, 외로움 속
에서 나의 무게를 감지하며, 다른 사람이 없더라도 충만한 존재로 홀
로 서는 일이다.

그 과정을 지나야 비로소 우리는 사랑을 '주는 자'가 될 수 있다. 서로
의 자유를 존중하면서도 마음이 가까이 머무는 것, 그것이 프롬이 말
한 성숙한 사랑이다.

마음에 새겨 보세요

내가 뱉은 말이 나를 만든다

言美則響美 言惡則響惡(언미즉향미 언악즉향악)
말이 아름다우면 울림도 아름답고, 말이 악하면 울림도 악하다.

— 열자, 《열자》〈설부편〉

말을 가볍게 내뱉는 사람들이 있다. 지나가면서 던진 한마디, 감정에 휩쓸려 나온 표현 하나쯤은 대수롭지 않게 넘긴다. 하지만 한번 뱉어낸 말은 공기 중에 흩어지지 않고 사람의 마음에 새겨져 관계의 방향을 바꾼다.

따뜻한 말 한마디는 긴장을 풀고 상처를 치유하며 멀어진 마음을 되돌린다. 반대로 날 선 말 한마디는 오랜 신뢰를 무너뜨리고 관계를 멀어지게 만든다.

말은 결국 그 사람의 얼굴이고 인격이며 삶의 태도다. 말이란 마음에서 나오기 때문에 고운 말을 하려면 먼저 마음이 부드러워야 한다. 상대에게 따뜻한 말을 건넨다는 것은 그 사람을 존중한다는 표현이자 스스로를 품위 있게 다루는 방식이다. 한 사람의 말에는 그 사람이 어떻게 살아왔는지가 담겨 있다.

말은 습관이다. 습관적인 비난과 부정적인 말은 인생을 어둡게 만든다. 반대로 습관적인 감사와 따뜻한 표현은 삶을 환하게 밝힌다. 내가 어떤 말을 반복하느냐에 따라 세상을 바라보는 방식이 달라진다. 결국 말은 내가 어떤 사람으로 살아갈지를 결정한다.

조용한 위로, 진심 어린 인정, 신중한 표현이 쌓이면 나라는 사람에 대한 신뢰도 함께 쌓인다. 좋은 말은 언젠가 나에게 돌아오고, 나쁜 말도 결국은 나를 따라다닌다.

오늘 하루 나는 어떤 말을 했는지 돌아봐야 한다. 어떤 표현이 나도 모르게 습관처럼 튀어나오는지 살펴봐야 한다. 내가 던진 말이 곧 나를 만들고 있다면, 이제는 조금 더 조심스럽고 따뜻하게 말해야 한다. 내 삶을 더 나은 방향으로 이끄는 힘은 결국 내 입에서 시작된다.

마음에 새겨 보세요

감정이 태도가 되지 않게

唯仁者 能好人 能惡人 (유인자 능호인 능오인)
오직 어진 사람만이 남을 좋아할 수도 있고, 남을 미워할 수도 있다.

—공자, 《논어》 〈리인편〉

우리는 사는 동안 수많은 사람을 만난다. 그리고 그들에 대해 자연스럽게 호감이나 반감을 느낀다. 문제는, 대부분의 감정이 상대를 깊이 알기도 전에 즉흥적으로 결정된다는 점이다. 공자는 누군가를 좋아하는 것도 미워하는 것도 신중히 하라고 말했다.

사람을 좋아할 때 우리는 주로 겉모습이나 말투에 끌린다. 친절한 태도, 멋진 외모, 다정한 말 한마디에 마음이 열린다. 하지만 그것만으로 사람을 판단해도 괜찮을까?

정말 중요한 것은 그 사람의 가치관과 태도다. 선한 사람인지, 믿을 수 있는 사람인지, 내게 좋은 영향을 줄 사람인지를 곰곰이 살펴야 한다. 그렇지 않으면 결국 실망하게 된다.

반대로 누군가를 미워할 때도 감정이 앞서면 모든 것을 왜곡해서 받아들이기 쉽다. 사소한 실수나 오해가 미움으로 커질 수 있고 편견은 상대의 장점을 가려버린다. 미움도 올바른 이유가 있어야 한다. 상대가 실제로 잘못한 건지, 아니면 내가 감정에 휘둘리고 있는지를 돌아봐야 한다.

공자는 감정을 다스릴 줄 알아야 사람을 제대로 볼 수 있다고 했다. 사람을 평가할 때는 내 감정보다 그 사람의 본질을 먼저 보아야 한다. 세상은 빠르게 돌아간다. 누군가는 하루아침에 영웅이 되고, 또 어떤 이는 단 한 장면으로 악인이 된다. 그러나 우리가 보는 것이 언제나 진실은 아니다. 누군가를 좋아하거나 미워하게 될 때 스스로에게 물어야 한다. 내가 지금 제대로 보고 있는가, 아니면 감정에 휘둘리고 있는가?

마음에 새겨 보세요

가족은 가장 가까운 타인이다

가족은 자연이 만든 걸작 중 하나이다.

— 조지 산타야나, 《이성의 삶(Life of Reason)》

산타야나가 말한 가족을 그림으로 표현하면 서로 다른 색채들이 부딪히고 충돌하며 엉켜 있는 한 폭의 추상화에 가깝다. 혼란스러우면서도 묘하게 조화를 이룬다.

가족 안에서는 다정함과 불편함이 늘 공존한다. 익숙함은 어느새 권리가 되고 기대는 금세 실망으로 이어진다. 가장 가까운 사람인데도 때로는 누구보다 낯설게 느껴진다. 가족은 가장 가까운 남이다. 사랑을 배우는 공간이면서 동시에 상처를 가장 깊이 받는 관계이다. 가장 익숙하고 가까운 사람들이지만, 때로는 가장 낯설고 멀게 느껴진다. 우리는 가족 안에서 사랑을 배우지만, 동시에 가장 깊은 상처도 가족에게서 받는다.

때로는 가족으로부터 벗어나고 싶지만, 쉽게 떠나지 못한다. 그곳은 우리의 정체성이 자라난 토양이며, 삶의 가장 깊은 뿌리가 연결된 장소이기 때문이다.

가족은 나를 비추고 흔들며, 때로는 산산이 깨뜨린다. 그러나 바로 그 자리에서 우리는 다시 인간이 되어 간다.

그래서 가족은 완벽해서가 아니라, 불완전한 그대로 걸작이다. 그것은 감정과 존재, 상처와 회복이 함께 실험되는 가장 정교한 자연의 공간이기 때문이다.

마음에 새겨 보세요

인정받고 싶은 마음이 나를 무너뜨릴 때

인간 본성의 가장 깊은 원리는
인정받고자 하는 갈망이다.

— 윌리엄 제임스, 《심리학의 원리》

누구나 인정받기를 원한다. 사랑받고 싶고, 괜찮은 사람이라는 말을 듣고 싶다. 타인으로부터 칭찬과 인정의 말을 듣고 싶은 마음은 너무 당연하다. 문제는 그 갈망이 깊어질수록 우리는 타인의 기대에 맞춰 자신을 조율하게 된다는 것이다. '저 사람은 나를 어떻게 생각할까'라는 질문이 하루에도 수십 번씩 떠오르고 나도 모르게 말과 행동을 조심하게 된다. 결국 내 행동과 말은 내 감정과 욕구보다 '어떻게 보여야 하는가'에 지배당한다.

이처럼 타인에게 민감한 상태는 인간관계를 불편하게 만든다. 상대의 반응에 따라 내 감정이 쉽게 출렁이기 때문이다. 상대가 나를 좋아하는 것 같으면 안심하고, 조금이라도 거리를 두는 듯한 기색이 보이면 불안에 빠진다. 결국 관계의 주도권은 나에게 있지 않고, 상대의 말과 표정, 태도에 맡겨진다.

그때부터 관계는 서로를 향하는 대신 '내가 어떻게 보일까'라는 긴장 속에서 이어진다. 인정받고 싶고, 외롭지 않기 위해 더 매달리게 되고, 그럴수록 자존감은 더 흔들린다.

이는 상대방에게도 부담으로 작용해 결국 두 사람 모두 피곤해지는 결과로 이어진다.

인정받기 위해 애쓸수록 더 외로워진다. 반대로, 인정받지 않아도 괜찮다는 마음이 생길 때 오히려 가장 나다운 관계가 시작된다. 인정은 줄 수도 받을 수도 있지만 그보다 중요한 건 나를 잃지 않는 것이다.

결국 나를 지키는 힘은 인정이 없어도 흔들리지 않는 마음에서 나온다.

마음에 새겨 보세요

상대의 성향에 따라 유연하게 행동한다

由也問聞斯行諸 子曰 有父兄在 求也問聞斯行諸 子曰 聞斯行之
(유야문문사행저 자왈 유부형재 구야문문사행저 자왈 문사행지)
유야가 "이 말을 들으면 그대로 행해야 합니까?"라고 묻자,
공자가 말하였다. "부모와 형이 계시지 않느냐."
구야가 "이 말을 들으면 그대로 행해야 합니까?"라고 묻자, 공자가 말하였다.
"들은 대로 행하라."

— 공자, 《논어》〈학이편〉

《논어》에서 공자는 같은 질문에 대해 서로 다른 답을 내놓았다. 자로가 물었다. "어떤 일을 들으면 바로 실천해야 합니까?" 공자는 대답했다. "아버지나 형이 있는데 어떻게 바로 실천할 수 있겠느냐?" 잠시 뒤 염유가 같은 질문을 했다. "어떤 일을 들으면 바로 실천해야 합니까?" 그러자 공자는 대답했다. "바로 실천해야 한다."

같은 질문인데도 왜 공자의 답은 달랐을까? 공자는 질문한 사람의 성향을 고려해 답을 달리한 것이다. 공자의 제자 자로는 성격이 급했다. 그래서 성급하게 행동하기보다는 부모나 형의 의견을 듣고 신중하게 결정하는 것이 필요했다. 반면 염유는 지나치게 신중한 성격이었기 때문에 배운 것은 곧바로 실천하라고 권한 것이다.

이 일화는 모든 사람에게 똑같이 행동해서는 안 된다는 사실을 말해 준다. 사람마다 성향과 경험이 다르므로 같은 방식이 모두에게 효과적일 수 없다. 어떤 사람은 신중한 조언이 필요하고, 어떤 사람은 그저 따뜻한 격려만 해 주면 된다. 또 어떤 사람은 아무 말 없이 들어 주는 것만으로도 충분하다.

상대방의 성향과 상황을 헤아려 유연하게 대해야 한다. 직장에서도 마찬가지다. 경험이 부족한 신입 사원에게는 하나하나 친절히 설명해 주는 것이 필요하다. 하지만 경험이 많은 직원에게 지나치게 간섭하면 오히려 능력 발휘를 제한하게 된다. 부모와 자녀의 관계에서도 같은 원리가 적용된다. 어린아이에게는 보호와 지도가 필요하지만, 청소년이나 성인 자녀에게는 그들의 독립적인 결정을 존중해야 한다. 사람에 따라 조언을 달리하고, 상황에 맞게 행동하는 것이야말로 진짜 현명한 태도다.

마음에 새겨 보세요

우리는 진정 연결되어 있는가?

현대인은 자기 자신으로부터, 타인으로부터
그리고 자연으로부터 소외되어 있다.

— 에리히 프롬, 《건전한 사회》

우리는 하루에도 수십 개의 메시지를 주고받고, 수백 명과 친구로 연결되어 있다. SNS와 메신저, 온라인 커뮤니티 덕분에 언제든 대화할 수 있고 실시간으로 반응을 주고받는다. 겉으로 보기엔 인류 역사상 가장 연결된 시대처럼 보인다.

하지만 진짜 누군가와 깊이 연결되어 있다고 최근에 느낀 적이 있었는가? 에리히 프롬은 현대인은 오히려 소외되고 있다고 말했다.

프롬이 말하는 소외는 단순히 혼자 있는 상태가 아니다. 표면적으로는 연결되어 있지만 존재로는 닿지 못한 상태를 의미한다. 우리는 타인의 안부를 묻기보다 '좋아요' 버튼을 누르고 진짜 대화를 하는 대신 사진 하나로 일상을 전달한다. 우리는 빠르고 편한 관계를 쌓았지만 그만큼 진심과 공감은 점점 사라지고 있다.

문제는 이런 가벼운 연결은 고립감을 더 깊게 만든다는 것이다. 겉으로는 언제든 연락할 수 있는 사람이 많아 보이지만, 막상 깊은 마음을 털어놓을 수 있는 상대는 단 한 사람조차 쉽사리 떠오르지 않는다. '연결'은 많아졌지만, '관계'는 줄어들고 있다. 외로움은 팔로워 수가 많다고 해결되지 않는다. 그것은 누군가와 진정성 있는 연결만이 해소할 수 있는 감정이다. 우리는 지금 소외된 채로 '관계'라는 껍데기만 안고 살아가는 건 아닐까?

마음에 새겨 보세요

받고 싶다면 먼저 하라

愛人者 人恒愛之 敬人者 人恒敬之(애인자 인항애지 경인자 인항경지)
남을 사랑하는 사람은 사람들이 늘 그를 사랑하고,
남을 공경하는 사람은 사람들이 늘 그를 공경한다.

— 맹자, 《맹자》 〈이루장구 하〉

우리는 살아가면서 무수히 많은 관계를 맺는다. 어떤 관계는 따뜻하고 조화롭지만, 어떤 관계는 갈등과 오해로 얼룩진다. 그런데 우리가 종종 간과하는 사실이 있다. 바로 내가 남을 대하는 방식이 결국 나에게 돌아온다는 점이다.

회사에서 업무를 하다 보면 상사가 누구인지, 동료가 어떤 사람인지에 따라 인간관계가 달라진다고 생각하기 쉽다. 하지만 내가 타인을 어떻게 대하는지도 매우 중요한 요소이다.

예를 들어, 늘 동료를 무시하고 자신의 성과만 챙기는 사람은 주변에서 경계받고 고립되기 쉽다. 반면, 상대의 입장을 배려하고 협력하는 태도를 보이는 사람은 자연스럽게 존중과 신뢰를 얻는다.

결국 사람들을 대하는 나의 태도가 그대로 되돌아오는 것이다.

한 가지 중요한 점은 내가 상대에게 베푸는 것들은 절대 사라지지 않는다는 사실이다. 누군가의 마음속에 깊이 새겨진 배려심 있는 행동은 쉽게 잊히지 않는다.

그래서 내가 베푼 작은 친절은 시간이 걸릴 수는 있어도 결국 어떤 식으로든 나에게 돌아온다. 회사에서, 친구 사이에서, 가정에서, 그리고 만나는 모든 사람에게 우리는 매 순간 하나의 메시지를 보내고 있다. "나는 당신을 존중합니다" 또는 "나는 당신을 이용하려 합니다". 상대는 그 메시지를 본능적으로 감지하고 그에 맞춰 반응할 뿐이다.

우리는 살아가면서 사랑과 존중을 받으며 좋은 관계를 맺고 싶다. 그런데 그 모든 것은 나 자신으로부터 시작된다. 먼저 사랑하고, 먼저 공경해야 하는 이유다. 그러면 사람들은 자연스럽게 같은 방식으로 나를 대한다.

마음에 새겨 보세요

올바르게 살아온 사람에게 남는 것

어떻게 행동하든 지금 올바르게 행동하라.
성품의 힘은 언제나 쌓이고 쌓인다.
이전에 행한 나의 모든 미덕은 계속해서 좋은 영향을 준다.

— 랠프 월도 에머슨, 《자기 신뢰》

몇 년 전, 작은 동네 서점에서 오래된 책을 사려고 했다. 계산하려는데 주인이 책값을 받지 않았다. 그는 말했다. "예전에 이 책을 기증한 분이 계셔요. 그분이 '좋은 사람이 읽었으면 좋겠다'고 했어요." 책을 기증한 누군가는 그렇게 오랜 시간 동안 선한 영향력을 미치고 있었다. 그는 그저 올바르게 행동했을 뿐이다. 하지만 그 행동은 보이지 않는 자산이 되어 누군가의 삶을 변화시키고 있었다.

우리는 때때로 '이렇게까지 정직하고 성실하게 살아야 할까?'라고 고민한다. 세상은 원칙을 지키지 않는 사람들이 더 쉽게 성공하는 것처럼 보이기도 한다. 그러나 올바르게 살아온 사람의 흔적은 반드시 남는다. 신뢰는 하루아침에 만들어지지 않는다. 정직한 태도, 성실한 습관, 타인에 대한 배려가 쌓일수록 그것은 결국 강력한 사회적 자산이 된다. 보이지 않지만 시간이 지나면 반드시 드러난다.

평생 정직하게 장사해 온 노점상 주인은 시간이 흘러도 단골손님들에게 신뢰를 얻는다. 그가 떠난 뒤에도 그의 가게는 좋은 기억으로 남는다. 사회에 기여한 사람들은 세상을 떠난 후에도 그 가치가 사람들의 마음속에서 계속 살아 있다. 이처럼 올바르게 살아온 흔적은 사라지지 않는다. 시간이 지나면서 더 깊이 뿌리내리고, 더 넓게 퍼진다.

지금 어떻게 행동해야 할지 고민된다면 내가 할 수 있는 가장 최선의 올바른 행동을 해 보자. 그것이 곧 나에게 남고, 세상에 남는 것이다. 성품의 힘은 사라지지 않는다. 보이지 않는 자산이 되어 시간이 지날수록 더 큰 가치로 돌아온다.

마음에 새겨 보세요

타인이 나를 흔들게 두지 않는다

다른 사람이 나를 비난해도 개의치 않는다.
나는 그들의 비판에 큰 의미를 두지 않는다.

— 몽테뉴, 《수상록》

사람은 누구나 타인의 시선을 의식하며 살아간다. 누군가가 나를 비난하면 마음이 불편해지고, 인정받지 못하면 왠지 모를 초조함이 밀려온다. 그렇다면 우리는 어떻게 해야 타인의 말에 휘둘리지 않고, 스스로 단단해질 수 있을까? 우선 타인의 평가가 나의 본질을 규정하지 않는다는 사실을 이해해야 한다.

세상에는 수많은 의견이 존재하며, 사람들은 각자의 경험과 편견 속에서 타인을 판단한다. 그러나 그 판단이 절대적인 진리일 가능성은 매우 낮다. 누군가가 나를 좋게 평가한다고 해서 내가 반드시 좋은 사람인 것은 아니다. 마찬가지로 누군가가 나를 낮게 평가한다고 해서 내가 본질적으로 부족한 사람이라는 뜻도 아니다. 그 평가는 그저 하나의 주관적인 의견일 뿐이다.

그래서 누군가의 칭찬에 기뻐하고 비난에 상처받는다면, 우리는 결국 타인의 감정에 따라 움직이는 꼭두각시에 지나지 않는다. 자신의 가치를 타인의 시선에서 찾기보다 스스로의 기준을 세울 필요가 있다.

중요한 것은 타인의 말이 아니라 내가 나를 어떻게 바라보느냐다. 우리가 흔들릴 때마다 기억해야 할 점은 세상이 결코 하나의 시선으로만 나를 평가하지 않는다는 사실이다. 같은 사실을 보고도 누군가는 칭찬하고 또 다른 누군가는 비난한다. 하지만 내가 나에 대한 기준을 분명히 가지고 있다면, 외부의 소리에 흔들리지 않는다.

그러니 오늘도 남의 평가에 신경 쓰며 불안해하기보다, 자신에게 집중하자. 내가 스스로 선택한 길을 걷고 있는가? 자신이 믿는 바에 따라 행동하고 있는가? 이 질문에 대한 답이 선명하다면 세상이 아무리 시끄러워도 우리의 마음은 평온할 것이다.

마음에 새겨 보세요

우리는 왜 헌신하지 못하는가?

어떤 형태로든 충성심을 발견하지 못하면,
당신의 활동적인 삶에서 통합과 평화를 찾을 수 없다.

— 조시아 로이스, 《충성의 철학》

요즘 현대인은 SNS 친구 목록이 길고, 여러 개의 단톡방을 수시로 드나든다. 온라인에서 개인의 일상을 자주 봐서 얼굴이 익숙한 사람은 많지만, 막상 마음을 기댈 수 있는 사람은 거의 없다. 가볍게 웃고 인사를 주고받으며 모임에서 시간을 함께 보내긴 하지만 그 모든 관계가 진짜 '연결'로 느껴지지 않을 때가 많다. 아는 사람은 많아도 깊지 않은 관계 속에서 사람들은 점점 더 외로움을 느끼고 있다.

요즘 사람들은 어울리되 기대지 않고, 연결되어 있지만 책임지지 않는 관계에 익숙하다. 함께 있는 시간이 쌓여도 신뢰는 자라지 않는다. 결국 우리는 깊어지지 못하는 관계를 자꾸만 반복하고 있는지도 모른다.

왜 우리는 깊은 관계를 만들지 못할까? 아마도 너무 많은 관계를 한꺼번에 유지하려 하기 때문일 수 있다. 자주 상처받았던 경험이 마음을 조심스럽게 만든다. 다가가고 싶지만 거절당하거나 실망할까 봐 마음을 쉽게 열지 못한다. 그 마음속 두려움이 관계의 성숙을 막는다.

사실 깊은 관계는 우연히 생기지 않는다. 자주 보고, 자주 실망하고, 자주 용서하고, 그 과정을 함께 겪을 때 비로소 쌓여 간다. 그 안에는 약간의 귀찮음도 있고 어색함도 있으며 말하지 않아도 아는 편안함도 존재한다. 그런 시간 속에서 관계는 천천히 깊어 간다.

지금 외롭다면 '더 많은 사람'을 찾기보다 '더 깊게 볼 사람'을 떠올려야 한다. 그 사람과 함께 나누고 싶은 마음이 있다면 먼저 조금 더 머무를 수 있어야 한다. 관계를 깊게 만드는 그 선택이 결국 당신의 인생을 더 풍요롭게 만들 것이다.

마음에 새겨 보세요

배려는 결국 나를 지키는 선택이다

배려는 타인과 함께 존재하는 방식 중 하나다.

— 하이데거, 《존재와 시간》

살다 보면 누구나 이런 생각이 든다. "왜 나만 이렇게 신경 써야 하지?" "왜 나만 손해 보는 느낌이지?" 배려는 때로는 피곤하게 느껴지고, 억울한 마음을 남기기도 한다. 하지만 가만히 생각해 보면, 그것은 꼭 착한 사람이 되기 위해서 하는 행동은 아니다. 오히려 내 삶의 평화를 지키기 위한 가장 좋은 선택이 될 수 있다.

인간은 원래 혼자가 아니라 함께 살아가도록 만들어진 존재다. 그리고 함께 살아간다는 건 나만 옳다고 외치는 것이 아니라, 상대의 입장을 잠시라도 생각해 보는 일이다. 그 마음이 바로 배려다. 그것은 관계를 부드럽게 만들고 말과 감정을 조금 더 따뜻하게 한다.

이런 행동은 타인을 위한 행동처럼 보이지만, 사실은 내가 어떤 사람으로 살아갈지를 선택하는 일이기도 하다. 내가 먼저 부드럽게 말하면 상대의 말도 조금은 따뜻해지고, 내가 먼저 한발 물러서면 불필요한 충돌이 줄어든다. 그렇게 쌓인 작은 배려들이 결국 내 일상 전체를 더 기분 좋게 만든다.

배려는 상대에게 주는 따뜻한 마음이자, 나를 더 여유롭고 단단한 사람으로 만들어 주는 길이다. 그래서 그것은 타인만을 위한 선물이 아니라 내 삶을 더 풍요롭고 평화롭게 만드는 선택이다.

마음에 새겨 보세요

균형 잡힌 삶

伯夷隘, 柳下惠不恭. 隘與不恭, 君子不由也
(백이애 유하혜불공 애여불공 군자불유야)
백이는 그릇이 작았고 유하혜는 판단이나 처신이 신중하지 못했다.
그릇이 작은 것과 신중하지 못한 것은 군자가 따를 것이 아니다.

— 맹자, 《맹자》〈공손추 상〉

백이는 고결한 도덕성을 지닌 인물이었다. 그는 상나라가 멸망한 뒤 주나라의 곡식을 먹는 것이 부끄럽다며 굶어 죽는 길을 택했다. 그의 강직한 신념은 존경받을 만했다. 하지만 현실을 무시한 지나친 고결함은 결국 생명을 앗아갔다. 반면 유하혜는 현실에 유연하게 적응하며 다양한 군주를 섬겼다. 도덕적 기준보다는 타협과 포용을 중시했지만 그의 태도는 때때로 신중함이 부족하다는 비판을 받았다.

맹자는 이 둘을 비교하며, 극단적인 도덕주의도 지나친 유연함도 군자의 길이 아니라고 했다. 백이처럼 완벽함을 고집하면 현실에서 살아가기 어렵고, 유하혜처럼 원칙 없는 유연함은 신뢰를 잃는다.

일상에서도 이런 극단적 태도를 흔히 볼 수 있다. 자신의 신념을 지키겠다며 타인의 의견을 무시하고 고립되는 사람도 있고, 반대로 모든 상황에 맞춰 타협하다가 결국 자신의 중심을 잃어버리는 사람도 있다. 원칙과 유연함은 반대되는 것이 아니라 조화를 이룰 때 비로소 빛을 발한다. 강한 바람에도 꺾이지 않는 대나무처럼 유연함 속에서도 중심을 지켜야 한다.

삶에서 중요한 것은 '올바름'이 아니라 '적절함'이다. 백이처럼 도덕만을 좇아 세상을 등지거나, 유하혜처럼 흐름에만 몸을 맡기는 것이 아니라, 원칙을 지키면서도 현실을 받아들이는 태도가 필요하다. 군자가 가야 할 길은 단순한 선과 악의 이분법이 아니라 때로는 타협하고 때로는 단호하게 나아가는 균형의 길이다.

마음에 새겨 보세요

함께 가려면 함께 성장해야 한다

우정은 영혼들 사이의 조화에서 비롯된다.

— 플라톤, 《소크라테스의 변명》

좋아하는 음식이 같고 웃음 코드가 비슷하다고 해서 반드시 오래가는 사이는 아니다. 말이 잘 통하고 순간적으로 잘 맞아도 시간이 지나면서 관계가 자연스럽게 멀어지기도 한다. 처음에는 그렇게 편하고 즐겁던 사람인데 문득 대화가 끊기고, 서로 다른 방향을 바라보는 느낌이 들 때가 있다.

오래가는 우정에는 공통점이 있다. 서로 함께 성장하길 바라는 마음과 비슷한 가치관을 지녔다는 점이다. 삶의 속도가 다르더라도 나아가려는 방향이 같으면 오래 함께할 수 있다. 서로의 성장을 기뻐하고 비교가 아니라 응원으로 마주하는 관계는 시간이 지나도 느슨해지지 않고 오히려 단단해진다.

같이 성장하려는 사람과 함께할 때 우리는 더 넓어지고 깊어진다. 서로를 바라보며 배우고 각자가 가고자 하는 방향을 더 분명히 볼 수 있게 된다. 그 사람 덕분에 다시 책을 찾아 읽고, 생각을 바꾸고, 오래 미뤄 온 선택을 실행에 옮기기도 한다. 진짜 친구는 나를 성장시키는 사람이다.

반대로 방향이 맞지 않는 관계는 아무리 자주 봐도 마음이 멀어진다. 삶의 우선순위가 다르고 중요하게 여기는 가치가 어긋나 있다면 언젠가는 서로에게 벽이 생긴다. 그렇게 억지로 이어 가는 관계는 결국 무너진다.

서로의 성장에 빛이 되어 주는 우정이야말로 영혼이 조화를 이루는 관계다. 그런 사람이 단 한 명이라도 있다면 우리는 외롭지 않다. 그 우정은 내가 올바른 길을 걷고 있다는 분명한 신호다.

마음에 새겨 보세요

4장

유한한 삶, 무엇을 할 것인가

– 시간을 대하는 태도

삶처럼 보인 죽음, 죽음처럼 시작된 삶

우리가 보통 삶이라 부르는 것은 죽음이며,
우리가 보통 죽음이라 부르는 것은 삶이다.

— 한나 아렌트, 《정신의 삶》

삶과 죽음의 경계는 우리가 생각하는 것처럼 분명한 걸까? 우리는 숨을 쉬고, 일을 하고, 밥을 먹고, 누군가와 대화를 나누면 '살아 있다'고 느낀다. 반대로, 숨이 멎고 움직이지 않으면 '죽었다'고 말한다. 하지만 한나 아렌트는 이 익숙한 생각에 질문을 던진다. 우리가 삶이라고 믿는 그 순간들이 정말 살아 있는 것일까?

기계처럼 반복되는 일상 속에서 감정 없이 하루를 흘려보낼 때가 있다. 몸은 움직이지만 마음은 멈춰 있다. 같은 자리에 앉아, 같은 말을 반복하며, 같은 피로를 안고 돌아오는 날들이 이어진다. 그럴 때 우리는 정말로 살아 있는 것일까?

아렌트는 그런 삶은 사실상 죽은 것이라고 말한다. 그리고 삶은 그런 일상을 낯설게 바라보고 질문할 때 비로소 시작된다고 말한다. "나는 지금 무엇을 하고 있는가?", "이 삶은 내가 원했던 삶인가?" 이런 질문

은 누군가의 죽음이나 내 앞에 닥쳐 온 죽음의 순간에 더 강하게 솟구
친다.

그래서 아렌트는 죽음이 삶의 시작점이 될 수 있다고 말한다. 아무 의
미 없이 흘러가는 날들 속에서 죽음은 내 관점을 바꾸고 살아 있음을
되묻는다.

삶은 그저 시간이 흐르는 것이 아니다. 어떻게 그 시간을 바라보고 느
끼고 해석하느냐가 삶을 결정한다. 죽음은 그저 흘러가는 시간을 멈
추게 만들고 우리를 진짜 삶으로 이끌어 준다. 그러니 나에게 물어보
자. 지금 이 순간, 나는 진짜로 살아 있는가?

마음에 새겨 보세요

끝이 있기에 삶은 소중하다

죽음은 우리와는 아무 상관이 없다.

— 에피쿠로스, 《메노이케우스에게 보낸 편지》

죽음을 떠올릴 때 우리는 자연스럽게 두려움을 느낀다. 하지만 에피쿠로스는 단호하게 말한다. 죽음은 살아 있는 우리와는 아무런 관련이 없다고. 그리고 죽음이 찾아온 순간 우리는 이미 존재하지 않기 때문에 그것과 마주칠 일조차 없다고 말한다.

내가 숨을 쉬는 동안 죽음은 발붙일 자리가 없고, 죽음이 도착하는 그 순간 나는 이미 의식을 잃기에 두려움조차 느낄 수 없다. 그래서 죽음은 현재의 삶에 어떤 영향도 줄 수 없다.

결국 우리는 만나지도 못할 죽음을 미리 걱정하며, 존재하지 않는 두려움에 삶을 내어주고 있는 셈이다. 에피쿠로스는 그 시선을 거두고 지금 이 삶에 집중하라고 말한다. 아침 햇살이 눈에 닿는 감각도 누군가의 따뜻한 말 한마디도, 가슴을 울리는 음악 한 곡도 모두 우리가 온전히 누려야 할 삶의 본질이다.

삶은 준비된 완성품이 아니다. 지금 이 순간의 선택과 경험으로 한 줄 한 줄 써 내려가는 살아 있는 이야기다. 오늘 하루가 지나면 다시는 돌아오지 않기에 지금 이 감정, 이 대화, 이 호흡 하나하나가 모두 소중한 한 조각이다.

삶을 사랑한다는 것은 반드시 대단한 성취를 이뤄야 하는 일이 아니다. 오늘 하루를 무의미하게 흘려보내지 않는 데 있다. 눈을 마주치고, 감정을 느끼고, 누군가와 웃고 우는 일상 속의 순간들이야말로 진짜 사랑의 증거다. 하지만 삶은, 지금 이 순간 우리 손안에 있다. 그렇다면 우리에게 진짜 중요한 일이 무엇인지는 분명하다. 지금의 삶을 더 뜨겁게 사랑하는 일이다.

마음에 새겨 보세요

시간은 마음에 따라 다르게 흐른다

시간은 한 방울씩 떨어진다.

— 윌리엄 제임스, 《다원주의적 세계》

하루는 분명 24시간이다. 하지만 어떤 날은 너무 짧고, 어떤 날은 지겹도록 길게 느껴진다. 좋아하는 사람과 함께하는 시간은 눈 깜짝할 사이에 지나가고, 아무 목적 없이 기다리는 시간은 끝없이 늘어진다. 같은 1분, 같은 1시간인데 왜 이렇게 다르게 느껴질까? 시간은 시계처럼 일정하게 흐르는 것 같지만, 실제로는 마음의 상태에 따라 전혀 다르게 흐른다.

어떤 날은 하루가 아직 한참 남은 것처럼 느껴지고, 어떤 날은 정신을 차릴 새도 없이 끝나 버린다. 시간은 숫자가 아니라 내가 느끼는 감각이다. 이 차이는 마음이 어디에 있는지에 따라 생겨난다. 온전히 몰입해 있을 때 우리는 시간의 흐름조차 느끼지 못한다. 반면 마음이 흩어질수록 몇 분간의 짧은 시간조차도 무겁고 답답하게 흐른다.

결국 시간을 어떻게 보내느냐보다 어떤 상태로 살아내느냐가 시간의 질을 결정한다. 이런 관점에서 보면, 시간을 잘 쓴다는 건 생산성을 높이는 일이 아니다. 그보다는 마음을 하나로 모으는 일에 가깝다. 지금 이 순간에 몰입할 수 있다면, 짧은 시간 안에 더 많은 결과를 만들어 낼 수 있다. 반대로 산만한 마음으로 아무리 많은 일을 해도 시간은 허무하게 흘러가고 만다.

시간의 흐름을 바꾸는 힘은 내면에서 나온다. 우리는 흔히 시간을 캘린더나 시계로 관리하려 한다. 하지만 진짜 시간 관리는 집중력과 감정의 균형을 회복하는 데서 시작된다. 내가 지금 어떤 상태인지, 마음이 어디에 머물러 있는지를 자주 들여다보는 것이 곧 시간을 잘 쓰는 법이다. 방울처럼 떨어지는 시간을 흘러보내지 않으려면, 그 한 방울에 온전히 머물 수 있어야 한다.

시간 속에서 나를 다시 보다

시간성은 존재 이해의 지평이다.

— 하이데거, 《존재와 시간》

나를 진짜로 이해하고 싶다면, 하루의 기분만 보지 말아야 한다. 며칠의 흐름, 몇 달의 변화, 몇 년간 마음의 흐름까지 바라보아야 한다. 지금의 감정과 선택은 과거의 기억과 경험이 축적되어 만들어진 결과다.

하지만 우리는 지금의 감정만을 기준으로 자신을 판단한다. "나는 왜 이렇게 예민하지?", "나는 왜 이렇게 변덕스럽지?" 그러나 그 감정은 단순한 일시적 반응이 아니라 오래전부터 쌓여 온 마음의 잔상일 수 있다. 과거의 상처, 반복된 실망, 말하지 못했던 감정들이 천천히 축적되어 지금의 나를 흔들고 있을지도 모른다.

지금의 감정에만 갇히면 자기 자신을 오해하기 쉽다. 어제의 흐름, 지난달의 상태, 몇 년 전의 선택까지 전체 맥락을 함께 보지 않으면 나는 나를 과소평가하거나 과하게 몰아붙이게 된다. 내가 지금 어떤 모습이든, 그것은 오랜 시간에 걸친 결과다. 그래서 나를 이해하려면 반드시 '시간 속에서' 바라보아야 한다.

그렇다고 과거에만 머물라는 뜻은 아니다. 지금 이 순간이 시간의 한 지점임을 자각해야 한다. 나는 지금도 흐름 위에 서 있다. 이 흐름을 인식하면 실수도 덜 무겁게 다가오고, 감정의 요동도 더 자연스럽게 받아들일 수 있다. 어디쯤 와 있는지를 아는 사람은, 자신에게 휘둘리지 않는다.

시간 전체를 놓고 보면, 지금의 나는 생각보다 훨씬 잘 버티는 중일지도 모른다. 아직 보이지 않더라도 나는 조금씩 앞으로 나아가고 있다. 시간의 흐름 속에서 나를 바라볼 때 비로소 내가 보이기 시작한다.

마음에 새겨 보세요

단 한순간도 흘려보내지 마라

가장 오랜 시간이 아니라,
가장 의미 있는 시간이 행복한 삶을 만든다.

— 에피쿠로스, 《바티칸 단편집》

하루에 주어진 시간은 누구에게나 똑같다. 그러나 어떤 이는 그 시간을 무심하게 흘려보내고, 어떤 이는 한순간도 허투루 쓰지 않는다. 시간의 양은 같지만 각자의 선택에 따라 시간이 남긴 결과는 달라진다. 결국 시간의 가치는 '얼마나 많으냐'가 아니라 '어떻게 쓰느냐'에서 갈린다.

시간은 그냥 쓰면 흘러가지만, 의미 있게 쓰면 쌓인다. 의미 있는 시간은 두 가지 과정을 거친다. 먼저 지금 이 순간에 '주의'를 기울여야 한다. 보고, 듣고, 느끼는 모든 장면에 깨어 있을 때, 평범한 순간도 깊은 경험이 된다. 그리고 그 경험을 '의도'와 연결해야 한다. 책 한 장을 읽더라도 배움의 방향을 품고 있을 때, 대화 한 번을 나누더라도 관계를 회복하려는 마음이 있을 때, 그 시간은 단순한 지나침이 아니라 삶을 채우는 경험이 된다.

이렇게 빚어진 의미는 기억 속에 차곡차곡 쌓인다. 책에서 얻은 통찰, 진심 어린 인사, 잠시 올려다본 하늘 같은 순간들이 포개지고 응축되어 '나는 시간을 잘 썼다'는 확신으로 남는다. 이 확신이야말로 '내 삶은 충분히 의미 있다'는 근거가 된다.

행복은 특별한 사건이 아니라, 공평하게 주어진 시간을 어떻게 채웠는가에 달려 있다. 지금 이 1분이 어떻게 쓰이는지가 내일의 행복을 결정한다. 오늘 하루 단 한순간도 흘려보내지 말고 의식하며 온전히 느껴 보라. 그 조각들은 인생이라는 큰 그림을 밝혀 주고 긴 시간 동안 당신을 지탱할 행복이 될 것이다.

마음에 새겨 보세요

시간을 대하는 태도가 곧 나를 대하는 방식이다

시간을 죽이는 것은 살인이 아니라 자살이다.

— 윌리엄 제임스 《심리학의 원리》

시간은 곧 나 자신이다. 하루를 대하는 태도는 결국 내 존재를 대하는 방식이다. 그래서 시간을 무심코 흘려보내는 습관은, 나라는 사람을 무시하거나 방치하는 것과 같다. 오늘을 가볍게 여기는 마음은 결국 내 인생 전체를 가볍게 여기는 마음이다.

이 말은, 모든 시간을 생산적으로 써야 한다는 뜻이 아니다. 아무것도 하지 않는 시간, 멍하니 있는 시간도 필요하다. 다만 문제는 그것을 '의식 없이' 보내는 데 있다. 내가 지금 뭘 하고 있는지도 모른 채 습관적으로 스크롤을 내리고, 아무 생각 없이 콘텐츠를 소비하다 보면 시간뿐 아니라 나 자신도 함께 지워져 간다.

시간은 언제나 흘러간다. 그러나 그 안을 채우는 것은 오직 나 자신이다. 무의미한 반복 속에서 내가 점점 작아지는 느낌이 든다면 시간을 대하는 태도부터 바꿔야 한다. 아무 의미 없는 하루가 계속되면 결국 아무 의미 없는 인생이 된다. 그 하루들이 곧 나를 이루기 때문이다.

시간을 소중히 여긴다는 건, 거창한 계획을 세우는 것이 아니다. 단지 '지금 내가 어디에 있고, 무엇을 하고 있는가'를 자주 묻는 것이다. 그 한 가지 질문만으로도 하루는 훨씬 또렷해진다. 시간에 대한 존중은 곧 자기 삶에 대한 존중이다.

결국 오늘 내가 시간을 대하는 방식은 내가 나 자신을 대하는 방식이다. 이 사실을 잊지 않는다면 평범한 하루도 전혀 다르게 살아갈 수 있다.

마음에 새겨 보세요

두려움의 90%는 모르는 데서 온다

죽음을 두려워하는 것은
알지 못하는 것을 아는 척하는 무지다.

— 플라톤, 《소크라테스의 변명》

우리는 종종 불안에 휩싸인다. 중요한 발표를 앞두고 잠을 설치고, 처음 가는 병원에서는 더욱 긴장한다. 새로운 장소를 방문하거나 처음 보는 사람을 만날 때는 하나의 공통점이 있다. 바로 우리가 그 상황을 모른다는 것이다. 대개의 두려움은 잘 모를 때 생긴다.

죽음도 마찬가지다. 이 생이 끝난 이후의 세계는 누구도 정확히 알 수 없다. 그래서 우리는 죽음을 두려워하고 막연히 나쁜 것이라 단정 짓는다.

이처럼 인생에는 알 수 없는 일들로 가득하다. 그러나 모른다는 이유만으로 모든 것을 두려움이나 불행으로 해석한다면, 삶은 점점 더 좁아지고 수동적으로 변한다.

예를 들어 새로운 일에 도전할 때 사람들은 불안을 느낀다. 그 일이 나에게 맞을지, 잘할 수 있을지, 혹시 실패하면 어쩌나 하는 생각들이 앞선다. 그러나 막상 시작해 보면 생각보다 해 볼 만할 때가 많다. 두려움은 현실보다 머릿속에서 더 크게 부풀어 있기 때문이다.

처음 만나는 사람과 대화할 때도 마찬가지다. "나를 싫어하면 어쩌지?", "무슨 말을 해야 하지?" 하는 걱정이 앞서지만, 막상 말을 걸어 보면 따뜻하게 반응하는 경우가 많다. 결국 우리는 상황 그 자체보다 미래를 모른다는 사실을 더 두려워한다.

하지만 모른다는 건 기회일 수 있다. 아직 아무 일도 일어나지 않았다는 뜻이기 때문이다. '모르는 영역'은 두려움의 공간이 아니라 가능성의 공간이다. 그러니 오늘 몹시 떨리는 일이 있다면 마음속으로 이렇게 말해 보자. "이건 무서운 게 아니라, 아직 모를 뿐이야."

마음에 새겨 보세요

죽음과 함께하는 삶

태어난 첫날부터
그대는 삶을 사는 동시에 죽음을 사는 것이다.

—몽테뉴, 《수상록》

우리는 흔히 삶과 죽음을 반대말이라고 생각한다. 살아 있다는 것은 죽지 않았다는 뜻이고 죽음은 삶이 끝나는 지점이라 믿는다. 하지만 삶과 죽음은 나란히 걸어가는 동반자다.

우리는 태어난 순간부터 늙어가기 시작한다. 그리고 그 늙어감은 곧 죽음을 향해 천천히 걸어가는 여정이다. 하지만 그 여정은 결코 무의미하지 않다. 오히려 죽음이 있다는 사실은 삶을 더 생생하게 만든다. 영원히 살 것처럼 사는 사람은 삶을 당연하게 여기지만 죽음을 자각하는 사람은 하루하루를 기적으로 느낀다. 죽음은 삶을 파괴하는 존재가 아니라 삶의 의미를 드러나게 한다.

죽음을 외면할수록 삶은 얄팍해진다. 언젠가 반드시 끝이 있다는 사실을 외면하는 사람은 지금 이 순간의 소중함을 느끼지 못한다. 죽음을 인식할수록 우리는 모든 순간을 더 정성스럽게 살아가게 된다.

죽음을 받아들인 사람은 삶의 태도가 다르다. 삶의 주인이 아니라 임시 거주자라는 마음으로 더 겸손하고 감사하게 하루를 살아간다. 누군가와 나눈 인사가 마지막이 될 수도 있다는 사실을 기억하면 우리는 더 따뜻한 말과 눈빛을 건네게 된다. 그러니 죽음을 의식하는 삶은 더 인간적인 삶이다.

삶이라는 여정에 언제든 끝이 올 수 있다는 사실을 기억하자. 죽음을 함께 걷는 동반자로 받아들일 때 하루는 더 깊어진다. 삶과 죽음은 결국 같은 문장 속에 함께 있는 단어다. 하나를 지우면 다른 하나의 의미도 흐려진다. 죽음을 마주할 때 비로소 삶은 더 진해진다.

마음에 새겨 보세요

손님 대하듯 내 삶을 대하자

生非汝有, 是天地之委和也(생비여유 시천지지위화야)
삶은 너의 것이 아니다.
이는 하늘과 땅의 조화로운 기운이 너에게 잠시 맡겨진 것일 뿐이다.

— 열자, 《열자》 〈천서편〉

우리는 삶을 '내 것'이라 여기며 살아간다. 몸도 시간도 감정도 마치 내 소유인 듯 생각한다. 하지만 열자(列子)는 그 모든 것은 네 것이 아니라고 말한다.

우리는 종종 "이 시간은 내 거야, 이 몸은 내 거야"라고 말하지만, 그것은 그저 하늘과 땅이 잠시 맡긴 조화의 결과일 뿐이다. 그렇기에 더 귀하게 여기고 더 정성스럽게 살아야 한다.

삶이 온전히 내 것이 아니라면 억지로 움켜쥐려는 욕심보다 흘러가듯 살아가는 지혜가 필요하다. 몸이 아프고 일이 어그러지고 예상치 못한 일이 벌어지더라도 그것 역시 자연의 일부로 받아들일 수 있어야 한다.

삶은 내 것이 아니기에 조금 더 조심스럽게, 조금 더 감사하면서 살아가자. 마치 손님을 따뜻하게 맞이하듯 우리에게 주어진 이 하루를 귀하게 품어 보자. 그것만으로도 이미 충분한 삶이다.

마음에 새겨 보세요

'지금 여기'의 감각을 느끼며 살기

일상의 소소한 순간들이 모여
우리에게 잊지 못할 영원을 선사한다.

— 알베르 카뮈, 《작가수첩》

일상은 매일 반복된다. 해가 뜨고 지는 것처럼, 우리는 비슷한 하루를 산다. 아침에 눈을 뜨고, 커피를 마시고, 일하고, 다시 잠자리에 든다. 이런 반복적인 하루는 때때로 지루하게 느껴질 수도 있다. 하지만 우리가 매 순간을 온전히 경험할 때 일상은 반복이 아니라 의미로 바뀐다.

보통 순간들은 그냥 짧게 스쳐 지나간다. 하지만 그 평범한 순간에 관심을 기울였을 때 평소와는 전혀 다른 풍경이 펼쳐진다. 같은 길을 걸어도 그날의 하늘과 바람은 다르다. 주변을 주의 깊게 바라보고, 작은 변화를 알아차린다.

커피 한 모금의 향을 음미하고 창밖 나뭇잎이 흔들리는 소리를 들어보자. 그 순간 시간은 멈추고 '지금 여기'의 감각이 깊어진다. 순간을 소중히 여기는 태도는 삶을 더 깊이 느끼게 한다. 반복되는 하루 속에서도 관심을 기울이면 단순한 시간이 아니라 특별한 순간으로 바뀐다.

삶의 소중한 순간들은 거창한 일이 아니라 작은 경험에서 온다. 아침에 일어나서 거실로 걸어가는 시간, 가족과 나누는 짧은 대화, 퇴근길 바람 소리조차도 우리 삶의 한 조각이다.

이런 사소한 순간들이 모여 인생을 따뜻하게 만든다. 매일의 일상 속에서 우리는 특별한 기억을 만들어 갈 수 있다. 순간을 놓치지 말고 살아보자.

마음에 새겨 보세요

결국 고통도 지나간다

어떤 고통도 영원하지 않다.

— 에피쿠로스, 《바티칸 단편집》

고통보다 더 힘든 건, '이 고통이 끝나지 않을 것 같다'는 두려움이다. 하지만 모든 고통에는 끝이 있다. 몸이 회복되고, 마음도 서서히 가라 앉는다. 지금은 너무 아프고 괴롭지만, 언젠가는 그 고통이 흐려지고, 나중에는 잘 기억나지 않을 때가 온다. 시간이 흐르면서 상처는 조금 씩 아문다.

에피쿠로스가 말했듯이 모든 고통에는 반드시 끝이 있다. 그는 즐거 운 삶을 추구한 철학자였지만, 고통을 피하라고만 하지 않았다. 고통 이 찾아오면 그걸 정면으로 바라보되, 그것이 영원할 것이라는 착각 은 버려야 한다고 말했다. 우리가 고통 속에서 느끼는 '이건 끝이 없 을 거야'라는 감각은 사실 우리 마음이 만들어 낸 착각이다.

세상 모든 일에는 끝이 있고, 고통 역시 예외가 아니다. '이 아픔도 언 젠가는 끝난다'는 믿음이 있을 때 우리는 고통을 훨씬 더 부드럽게 받아들일 수 있다.

아플 때는 끝이 보이지 않는다. 하지만 세상은 멈추지 않고 흘러가고 우리 마음도 그 흐름을 따라 조금씩 달라진다. 그래서 결국 고통도 지나간다. 지금 이 순간이 인생의 전부일 것 같지만, 고통의 시간도 언젠가는 지나간다. 이 믿음 하나만 있어도 우리는 조금 더 가볍게 고통을 통과할 수 있다.

마음에 새겨 보세요

성실함으로 빚어내는 인생

夫誠者 君子之所守也 而政事之本也 (부성자 군자지소수야 이정사지본야)
성실이란 군자가 지켜야 할 것이며 사회생활을 함에 있어 기본이다.
— 순자, 《순자》〈불굴편〉

성실은 눈에 잘 띄지 않는다. 화려한 재능이나 빠른 성과처럼 주목받지도 않는다. 하지만 인생을 단단하게 세우는 기반은 언제나 성실이다. 군자가 끝까지 놓지 않는 덕목 또한 성실이다. 삶의 본질이 거기에 있기 때문이다.

요즘 시대는 빠르다. 점점 더 즉각적인 결과를 요구한다. 하지만 성실은 그 흐름과 반대 방향에 있다. 하루하루의 반복, 꾸준한 실천, 아무도 보지 않을 때조차 열심히 하려는 태도는 당장 드러나지 않는다. 그러나 그렇게 쌓인 성실함은 어느 날 커다란 자산이 되어 돌아온다.

성실한 사람의 길은 처음엔 지루하고 느릴 수 있다. 하지만 시간이 지나면 알게 된다. 진짜 성과는 빠르게 달려간 끝에 있는 것이 아니라, 매일 걸어간 발자국 속에 담겨 있다는 사실을 말이다. 성실함은 실패 앞에서는 나를 일으켜 세우고, 성공 이후에는 본질을 잃지 않게 한다.

그것은 세상에서 가장 '보이지 않는 경쟁력'이다. 물론 성실하다고 해서 언제나 좋은 결과가 따르진 않는다. 모자라고, 흔들리고, 넘어질 수도 있다. 그러나 그 모든 상황 속에서도 성실함은 삶을 다시 회복시키는 힘이 된다.

성실은 당장은 눈에 띄지 않지만 시간이 지나면 반드시 빛난다. 그 빛은 우리가 만든 결과물과 관계, 그리고 스스로를 대하는 태도 속에 그대로 스며든다.

인생을 단단하게 만들고 싶다면 성실함을 선택하라. 조용하지만 흔들림 없이, 성실함으로 빚어낸 인생은 결국 아름답게 빛난다.

마음에 새겨 보세요

죽음을 기억하라

그대는 지금 당장 죽을 수도 있다.
매 순간 이런 생각에 따라 행동하고 생각하라.

—마르쿠스 아우렐리우스, 《명상록》

우리는 죽음을 애써 외면한다. 생각만 해도 불길하고 굳이 떠올릴 필요가 없다고 느껴, 죽음을 마치 아주 먼 훗날의 일처럼 여기며 살아간다. 하지만 마르쿠스 아우렐리우스는 죽음을 의식하며 살아가라고 말한다. 죽음을 떠올리는 일은 삶의 가치를 더욱 선명하게 드러내기 때문이다.

죽음은 우리의 인생이 유한하다는 사실을 알려 준다. 그래서 사랑하는 사람과 보내는 시간, 좋아하는 일을 하는 순간, 그리고 작은 친절 하나까지도 더 소중하게 느끼게 한다. 죽음은 삶의 의미를 찾는 데 있어 가장 확실한 길잡이다.

죽음을 의식하면 더 용기 있는 선택을 할 수 있다. 우리는 두려움 때문에 원하는 삶을 미루며 산다. 새로운 도전을 피하고 익숙한 틀 안에 안주한다. 하지만 지금 당장 죽을 수도 있다는 사실을 받아들인다면 망설일 이유가 사라진다.

우리는 모두 언젠가 죽는다. 그렇기에 살아 있는 모든 순간이 선물이다. 매일을 마지막 날처럼 살아간다면 후회 없는 충만한 삶이 가능하다. 죽음을 기억하는 일은 결국 지금 이 순간을 더 깊이 살아가기 위한 가장 현명한 태도다. 그러니 두려워하지 말고 죽음을 자주 떠올리자. 우리가 언제 죽을지는 알 수 없지만, 이 순간이 우리에게 주어진 유일한 시간임은 분명하다. 죽음을 잊지 않을 때 우리는 지금을 더 깊이 살아갈 수 있다.

마음에 새겨 보세요

삶의 색은 어둠 속에서 더 선명해진다

죽음이 제공하는 어두운 배경은
삶의 부드러운 색채를 순수하게 드러낸다.
—조지 산타야나, 《영국에서의 독백들(Soliloquies in England)》

우리는 힘든 일을 겪을 때 '죽을 만큼 괴롭다'는 표현을 쓰곤 한다. 가장 깊은 고통의 끝에 죽음을 놓기 때문이다. 철학자 산타야나는 죽음을 인생의 어두운 부분이라고 말했다. 모든 인생 비극의 끝이 죽음인 것처럼 어떤 고통이 가장 극심해졌을 때 우리는 그 끝을 죽음이라 여긴다.

하지만 아이러니하게도 인생에 어둠이 있기에 그 빛은 더욱 또렷해진다. 우리가 겪는 시련과 상실은 오히려 삶의 본질을 분명하게 드러낸다.

현대 사회는 긍정적인 것만을 보여 주려 한다. SNS에는 웃는 얼굴, 성공한 이야기, 행복한 일상이 넘쳐난다. 반면 실패나 슬픔은 숨기고 부끄러운 것으로 여긴다. 그러나 진짜 인간의 이야기는 바로 거기에서 시작된다. 인생의 색감은 '잘된 일'이 아니라 '무너진 순간'을 어떻게 지나왔는가에서 나온다.

그래서 인생의 본질은 오히려 어둠 속에 있다. 나의 어두운 시간을 되돌아보면 오히려 그 시절이 지금의 나를 만든 가장 중요한 시간이었다. 나의 언어, 나의 눈빛, 나의 선택은 그 어둠을 통과하며 달라졌다.

우리는 빛과 어둠이 함께 있을 때 사물을 인식한다. 마찬가지로 인생의 한 면은 어둠과 죽음이지만, 그 반대편에는 찬란하게 빛나는 시간도 있다. 빛과 어둠이 함께 있어야 비로소 인생이 완성된다.

어둠이 지나간 후에야 우리는 비로소 많은 것을 깨닫는다. 그래서 지금 어두운 시기 속에 있다 하더라도 너무 실망하지 말자. 그 어둠은 나를 무너뜨리기 위한 것이 아니라, 나만의 인생을 더 빛나게 만들어주는 바탕색이 될 수 있다.

삶은 항상 그 순서를 따른다. 먼저 어두워지고 그다음에 빛난다. 그리고 그 빛은, 이전보다 훨씬 더 나답게 반짝인다.

마음에 새겨 보세요

행복은 평범함에서 온다

모든 행복한 가정은 서로 닮았지만,
불행한 가정은 각기 다른 방식으로 불행하다.

—레프 톨스토이,《안나 카레니나》

"행복한 인생들은 서로 닮아 있다"는 말은 결국 행복에는 공통된 원리가 있다는 뜻이다. 그리고 그 원리는 아주 단순하고 평범하다.

우리는 종종 인생의 특별한 순간들을 행복의 기준으로 삼는다. 예컨대 여행, 승진, 결혼, 목표 달성 같은 일이다. 하지만 그런 순간들은 찰나에 불과하다. 진짜 행복은 그런 드라마틱한 일이 일어나지 않을 때, 오히려 아무 일도 없는 날들 속에서 발견된다. 조용한 저녁 식사, 익숙한 길을 걷는 산책, 따뜻한 말 한마디처럼 평범해 보이지만 이 반복되는 순간들이 쌓여 인생 전체의 빛깔을 만든다.

행복한 사람들을 떠올려 보면, 그들에겐 삶을 화려하게 꾸미려는 욕심보다는 평범함을 소중히 여기는 눈이 있다. 아침 햇살에 미소 짓고, 커피 한 잔에 만족할 줄 아는 마음이다. 그것은 세상을 바꾸려 하기보다 지금 있는 것들 안에서 충만함을 찾는 태도다. 이러한 태도가 바로

'닮은 행복'을 만드는 핵심이다.

반대로 불행은 평범함을 거부하면서 시작된다. 우리는 '지금 이대로는 안 된다'는 조급함 때문에 불행해진다. 더 가져야 하고, 더 이루어야 하고, 더 보여 주어야 한다고 생각한다. 그러다 보면 사소한 일상은 하찮아지고, 행복은 자꾸만 멀어진다. 불행한 인생들이 제각기 다른 방식으로 아프다는 말은, 우리가 얼마나 각자의 평범함을 놓치고 있는지를 보여 주는 말일지도 모른다.

행복은 눈부신 순간이 아니라 익숙한 순간 속에서 피어난다. 내가 가진 것, 내가 함께하는 사람, 내가 살아가는 하루를 새삼 들여다보는 데서 시작된다. 특별하지 않아도 괜찮다. 오히려 특별하지 않기 때문에 계속 이어질 수 있다. 평범함은 행복의 가장 단단한 토양이다.

마음에 새겨 보세요

내 삶의 모든 순간을 아낌없이 사랑하라

존재하는 것에서 빼 버릴 것은 하나도 없으며,
없어도 되는 것은 하나도 없다.

—니체, 《이 사람을 보라》

우리는 실수와 후회, 깊이 상처받았던 날들처럼 부정적인 기억을 삶에서 지워 버리고 싶어 한다.

고통은 어떻게든지 피하고 싶어 한다. 실패는 없었던 일로 만들고, 아픈 기억은 봉인하려 한다. 하지만 삶이란 퍼즐과 같다. 한 조각이라도 사라지면 완성될 수 없다. 우리가 힘들었던 순간 눈물 흘리던 밤, 좌절했던 날들은 단순한 상처가 아니다. 그것들은 성장의 증거이며, 우리가 더 나아지기 위한 필수 과정이다.

행복만 존재하는 삶은 가능할까? 설령 가능하다고 해도 그것을 과연 행복이라 부를 수 있을까? 기쁨과 슬픔은 함께 존재해야만 그 가치를 발한다. 깊은 절망 속에서 희망을 찾을 수 있으며, 아픔을 겪어 본 사람만이 진정한 행복을 음미할 수 있다. 슬픔이 없다면 기쁨의 의미도 희미해진다.

삶을 긍정한다는 것은 단순히 행복을 찾는 일이 아니다. 불행마저도 사랑하는 태도다. 고통을 없애기보다 그것이 우리에게 주는 가치를 인정하는 일이다. 도망치거나 부정하지 말고 모든 순간을 있는 그대로 받아들여야 한다. 힘든 시간조차도 나를 단단하게 만드는 과정이라 믿어야 한다.

이런 태도를 지닌 사람은 쉽게 흔들리지 않는다. 과거를 후회하지 않고, 미래를 두려워하지 않는다. 지금 이 순간을 사랑하며 살아간다. 이 순간은 좋고, 저 순간은 나쁘다고 평가하지 않으며 모든 순간을 있는 그대로 껴안는다. 그것이야말로 진정한 자유다.

니체가 말한 대로 모든 경험을 소중히 여기고, 모든 순간을 긍정해야 한다. 후회 없이, 망설임 없이, 지금을 사랑하며 살아가야 한다.

그것이 운명을 긍정하며 온전한 삶을 사는 길이다.

마음에 새겨 보세요

소중한 인생, 소중한 시간

매일이 그대에게 주어진 마지막 날이라고 생각하라.
그러면 그 시간이 더 바랄 것 없이 유쾌하게 느껴질 것이다.

— 몽테뉴, 《수상록》

우리는 소중한 하루를 허투루 낭비할 때가 많다.

어떤 사람은 남의 기대에 맞추느라 자신의 시간을 흘려보내고, 또 어떤 사람은 해야 할 일을 미루다 하루를 통째로 날려버리기도 한다. 이럴 때 오늘이 나의 마지막 하루라고 상상해 보자.

그때도 우리는 타인의 시선을 의식하며 불필요한 일에 시간을 낭비할까? 아마도 진심으로 사랑하는 사람과 시간을 보내고, 오래 미뤄 온 일을 하며, 마음속으로 소중하게 여기던 것들에 집중할 것이다.

삶은 결국 내가 어떻게 바라보느냐에 따라 달라진다. 시간이 무한하지 않다는 사실을 깨닫는 순간, 우리의 선택 기준은 달라지고 삶의 밀도 또한 완전히 변한다. 그제야 비로소 정말 중요한 것에 집중하고, 그 방향으로 시간을 쓴다.

몽테뉴의 말처럼 오늘을 마지막 날이라고 여긴다면 단지 더 열심히 사는 것이 아니라, 더 깊이 있게 사는 쪽으로 삶의 태도가 바뀐다. 그렇게 살아갈 때 우리는 비로소 충만한 하루를 경험할 수 있다.

마지막 날을 사는 마음으로 오늘을 바라보자. 그러면 당연하게 여겼던 일상이 특별하게 다가오고, 사랑하는 사람과의 순간이 더욱 빛나며, 그동안 미뤄 왔던 진짜 중요한 일들을 시작할 용기가 생긴다.

오늘이 어제가 되는 순간 그 시간은 결코 다시 돌아오지 않는다.

마음에 새겨 보세요

현재를 잃어버린다는 것

누구든 현재의 순간을 붙잡으려 해 보라.
가장 당혹스러운 경험 중 하나가 일어난다.
현재는 어디에 있는가?
그것은 우리의 손아귀에서 녹아 버렸고, 우리가 만지기도 전에 도망쳤으며,
존재하는 순간 사라져 버렸다.

— 윌리엄 제임스, 《심리학의 원리》

우리는 요즘 많은 순간을 기록하며 산다. 맛있는 음식을 먹을 때도, 여행을 갈 때도, 친구들과 함께할 때도 자연스럽게 사진을 찍고 영상을 촬영한다. 하지만 정작 그때의 기분, 느낌, 공기는 잘 기억나지 않을 때가 많다. 순간을 살아가기보다 그 순간을 찍고 공유하는 데 집중하면서 오히려 그 시간을 흘려보내기 때문이다.

원래 기록이란 건 기억을 도와주기 위한 것이었다. 그런데 지금은 기록이 오히려 경험을 빼앗는 경우가 많다. 내가 직접 느낀 감정보다 화면 속 사진을 통해 '아, 그때 이랬구나' 하고 기억하려 한다. 그래서 나중에는 이미지만 남고, 그 순간의 분위기나 감정은 희미해진다. 순간을 저장하려다 보니 소중한 경험을 잃어버리는 아이러니가 생긴다.

그러나 진짜 특별한 경험들은 기록하지 않아도 마음속에 선명히 남는다. 가족과 함께 웃으며 보낸 시간, 갑작스럽게 마주한 아름다운 저녁 하늘, 마음이 따뜻해졌던 순간의 기억들은 꼭 사진이 없어도 오래도록 가슴속에 새겨진다. 특별한 일이 아니더라도, 온전히 집중했던 순간은 쉽게 잊히지 않는다.

반대로 아무리 많은 사진과 영상이 남아 있어도, 그 시간을 진짜로 살아내지 않았다면 결국 아무것도 남지 않는다. 카메라를 잠시 내려놓고 조용히 내 마음을 응시하던 시간은 훨씬 더 오래 기억된다.

지금이라는 시간은 금방 지나간다. 그래서 우리는 순간에 집중해서 살아야 한다. 사진 한 장 덜 남기더라도, 그 순간을 더 깊이 느끼는 것이 결국 더 오랫동안 남는 기억이 된다. 지금 우리에게 필요한 건 기록도 저장도 아닌, 그 순간을 온전히 살아내는 것이다. 그것이야말로 '살아 있는 순간' 그 자체다.

마음에 새겨 보세요

탄생과 죽음 사이의 시간을 즐기자

탄생과 죽음에는 치료법이 없다.
그사이의 시간(간격)을 즐기는 것이 유일한 해답이다.

— 조지 산타야나, 《영국에서의 독백들》

우리는 태어나는 순간을 선택할 수 없다. 죽는 순간도 마찬가지다. 시작과 끝은 통제할 수 없지만 그사이의 시간은 우리가 어떻게든 살아내야 한다. 가끔은 이런 생각이 든다. "나는 왜 이렇게 바쁘게 살아가는 걸까?" 하루는 정신없이 흘러가고 해야 할 일은 끝이 없다. 고단한 하루를 마치고 누웠을 때 문득 이런 질문이 떠오른다. "이게 정말 내가 원하는 삶인가?"

철학자 산타야나는 어차피 주어진 인생이라면 그 시간을 즐기는 것이 유일한 해답이라고 말한다.

그가 말한 '즐긴다'는 건 단순히 재미있게 산다는 뜻이 아니다. 오늘 하루 무사히 살아냈다는 사실에 조용히 감사하는 마음, 잠시 멈춰 따뜻한 햇볕을 즐기는 여유, 누군가의 말에 진심으로 귀 기울이는 태도. 바로 그런 작은 실천들이 삶을 즐기는 방식이다.

삶은 완벽하지 않다. 피곤하고, 실수하고, 때론 아무 의미 없어 보이기도 한다. 하지만 그런 날조차 껴안을 수 있다면 우리는 이미 잘 살아가는 것이다. 산타야나가 말한 그 '간격', 지금 이 순간이 바로 우리가 살아갈 수 있는 유일한 시간이다.

마음에 새겨 보세요

인내는 달다

시간과 인내는 가장 강력한 전사이다.

—레프 톨스토이, 《전쟁과 평화》

인생을 잘 살아가는 데 가장 필요한 무기는 바로 인내다.

인생은 불확실함으로 가득하다. 우리는 미래를 예측하거나 통제할 수 없다. 세상은 끊임없이 변하고, 나 자신조차도 어떤 선택을 할지 항상 명확히 알 수 없다. 누군가의 한마디, 예상치 못한 사건, 우연한 만남처럼 작은 변수 하나가 인생의 방향을 바꾸기도 한다. 우리는 한 치 앞도 알 수 없는 세계를 살아간다. 그 안에서 끊임없이 선택하고 적응하며 나아가야 한다.

이때 인내는 삶을 올바른 방향으로 이끄는 힘이다. 예를 들어 직장에서 성과를 내기 위해 우리는 전력 질주하듯 일하지만 보통 실력이 쌓이고 성장하는 과정은 느리고 반복적이다. 매일 같은 일을 반복하고 실패를 겪고 다시 시도하며 쌓여가는 시간 속에서 우리는 결국 변화한다. 포기하지 않고 계속 나아가는 사람은, 어느 날 모두가 주목하는 성과를 얻게 된다.

사실 특별한 재능보다 더 무서운 것은 지치지 않는 인내다.

톨스토이는 인내를 '전사'라고 표현했다. 당장 결과가 없어 보이는 시간, 방향을 잃은 듯한 순간, 자신이 초라하게 느껴지는 때에도 계속 나아가게 만드는 힘이 인내다. 그리고 인내는 '포기'라는 가장 손쉬운 유혹 앞에서 우리를 지키는 방패가 된다. 날마다 스스로와 싸우고, 흔들리는 마음을 다잡으며 시간이 가져올 변화를 신뢰하는 사람은 결국 인생의 달콤한 보상을 얻는다.

인내는 가장 강력한 전사가 되어 우리를 원하는 곳으로 데려다준다.

마음에 새겨 보세요

피할 수 없다면 받아들여라

죽음을 그려 보라.
그러면 우리는 결코 비열한 생각을 품지 않고
어떤 것에든 지나친 욕망을 갖지 않을 것이다.

— 에픽테토스, 《엥케이리디온》

죽음은 인생에서 반드시 찾아오는 결론이다. 이 사실은 어떤 경우에도 변하지 않는다. 사람들은 죽음을 외면하려 애쓰지만 죽음은 결코 우리를 잊지 않고 찾아온다. 그래서 우리는 인생에 끝이 있다는 사실을 받아들여야 한다.

이 시대는 욕망의 사회다. 사람들은 끊임없이 더 많은 것을 원한다. 더 많은 돈, 더 높은 명예, 더 화려한 성취를 갈망한다.

그러나 죽음을 곰곰이 떠올려 보면 그런 것들이 정말 중요한지 의문이 든다. 만약 오늘이 내 마지막 날이라면, SNS에서 타인의 삶을 부러워할 시간이 있을까? 혹은 자존심을 내세우며 관계를 망치는 선택을 하게 될까?

죽음을 자주 떠올릴수록, 우리는 삶의 본질에 더 가까워진다.

죽음을 매일 떠올려 보라. 어렵다면 단 하루만이라도 '오늘이 마지막 날이라면 어떻게 살까?'라고 자신에게 물어보라. 그리고 그 답대로 하루를 살아보라. 그 하루가 지나고 나면 우리는 완전히 새로운 눈으로 세상을 바라보게 될 것이다.

우리는 결국 모두 죽는다. 피할 수 없는 진실이라면 도망칠 것이 아니라 친구처럼 맞이해야 한다.

마음에 새겨 보세요

죽음 앞에서 나는 혼자다

죽음은 존재자의 고유하고, 대체 불가능하며,
넘을 수 없는 끝이다.

— 하이데거, 《존재와 시간》

하이데거는 죽음을 "대체될 수 없고 넘을 수 없는 존재의 고유한 끝"이라 말했다. 우리 삶에는 분명한 끝이 있으며, 그 끝은 오직 나만이 마주할 수 있다는 뜻이다.

죽음은 누구에게나 찾아오지만, 그 순간을 대신해 줄 수 있는 사람은 없다. 아무리 가족이 가까워도, 친구가 많아도 죽음은 결국 내가 혼자 겪어야 하는 일이다. 그래서 하이데거는 죽음을 "나만의 것"이라고 말했다.

죽음은 절대 다른 사람이 대신할 수 없는, 아주 특별한 경험이다.

이렇게 죽음이 나만의 것이라는 사실은 우리에게 중요한 질문을 던진다. "나는 정말 나답게 살고 있는가?" 누군가의 기대에 맞춰 살거나, 비교만 하며 살았다면 죽음 앞에서는 그 모든 것이 의미 없어질 수 있다.

결국 내 인생을 끝까지 책임지는 사람은 나 자신뿐이다.

그래서 나를 돌아봐야 한다. 내가 진짜 하고 싶은 일을 하고 있는지, 내가 사랑하는 사람들에게 충분히 잘하고 있는지, 그리고 나 자신을 속이지 않고 살아가고 있는지를 묻게 된다.

삶은 계속될 것 같지만, 누구에게나 끝이 있다. 그 끝을 오직 나 홀로 마주해야 하기에, 나는 내 삶을 어떻게 살아갈지를 스스로 선택해야 한다. 그리고 그 선택이 쌓여 나만의 인생이 된다. 죽음을 의식한다는 건, 지금을 더 진지하게 살아가는 힘이 된다.

오늘의 태도가 내 삶을 만든다

현재는 우리의 의도에 따라
수 세기에 걸친 시간으로 확장될 수 있다.
— 조시아 로이스, 《현대 철학의 정신(The Spirit of Modern Philosophy)》

나에게 주어진 지금 이 순간을 그저 흘려보내선 안 된다. 오늘 내가 어떤 선택을 했는지, 오늘 나 자신을 어떻게 대했는지가 차곡차곡 쌓여 내 인생을 이룬다. 작고 평범해 보이는 하루라도, 그 하루들이 모여 몇 년 뒤, 결국 나라는 사람을 만든다. 오늘 나에게 건넨 친절한 말, 오늘 내가 멈춰서 휴식한 10분이 미래의 나를 만들어 간다.

지금의 나는 미래의 나를 키우는 사람이다. 지금 무리해서 모든 걸 참고 견디면, 나중의 나는 지치고 무너질 수 있다. 반대로 지금의 내가 나를 잘 돌보고 존중하며 살아간다면 나중의 나는 더 단단하고 따뜻한 사람으로 성장한다.

지금 내가 가진 식습관, 운동 습관, 하루하루 쌓아가는 지식은 모두 미래의 나를 더 건강하고 지혜로운 사람으로 만든다. 결국 지금 내가 나 자신을 대하는 방식이 곧 내 삶을 만들어 간다.

자기 자신을 돌본다는 건 거창한 일이 아니다. 밥을 천천히 먹는 것, 피곤할 땐 쉬어 주는 것, 스스로를 탓하지 않고 이해하는 것이 바로 자기 돌봄이다. 그런 작고 조용한 행동이 진짜 나를 바꾸고, 내 인생을 바꾼다. 그러니 지금 자신에게 물어보자.

"오늘 하루, 나는 나를 어떻게 대했는가?"

마음에 새겨 보세요

가볍게 살아갈수록 깊어진다

철학자는 죽음을 연습하는 사람이다.

—플라톤, 《파이돈》

플라톤이 말하는 '죽음 연습'이란 삶을 덜어내는 연습을 말한다. 욕심, 비교, 집착, 지나친 소유에서 조금씩 멀어지는 법을 배우는 것이다. 죽음을 떠올리면 자연스럽게 이런 질문이 떠오른다.

"지금 이 순간, 내가 정말 꼭 붙잡아야 할 것은 무엇인가?"

죽음을 생각하면 많은 것들이 덧없어진다. 그래서 무엇을 소유할 것인지보다, 지금 내가 내려놓아야 할 것이 무엇인지를 묻게 된다. 삶을 가볍게 만드는 것은 더 많이 소유하는 것이 아니라, 필요 없는 것을 비워내는 데서 시작된다.

비우는 일은 어렵지 않다. 입지도 않는 옷 한 벌을 나누는 일, 넘치는 컵 중 하나를 버리는 일, 의미 없는 단톡방에서 나오는 일처럼 작고 사소한 정리가 마음을 한결 가볍게 한다. 내 의지와 상관없이 끌려가던 불편한 인간관계를 끊는 것도 나를 정리하는 방법이다.

무언가를 놓는다는 건 두려운 일일 수도 있다. 버리면 공허해질까 봐, 손해 볼까 봐 망설이게 된다. 하지만 이상하게도 놓고 나면 마음이 편해진다. 연락 안 되는 사람에 대한 미련, 더 잘 보여야 한다는 강박, 타인의 삶과 나를 비교하는 버릇 같은 것을 하나씩 덜어낼 때 마음에 여백이 생긴다. 그리고 그 여백은 쉼이 된다.

비운다는 것은 잃는 일이 아니다. 오히려 중요한 것을 더 또렷하게 보게 한다. 마지막 순간까지 가져갈 수 있는 건 많지 않다.

삶은 더 많이 가지는 것이 아니라, 더 가볍게 살아가는 데서 깊어진다. 그러니 스스로에게 물어보자.

"오늘 내가 내려놓아도 되는 것은 무엇인가?"

마음에 새겨 보세요

혼자일 때의 나, 함께일 때의 나

함께 존재함은 존재자의 실존적 구조다.

— 하이데거, 《존재와 시간》

혼자 있는 시간은 분명 소중하다. 아무 방해도 없이 조용한 마음으로 내 안을 들여다볼 수 있기 때문이다. 타인의 시선이나 판단 없이 있는 그대로의 나를 바라볼 수 있는 고요한 시간이다. 그래서 고독은 때로 삶을 정리하게 하고, 스스로에게 더 가까이 다가가게 한다.

하지만 그런 고독만으로는 나를 완전히 알 수 없다. 조용한 방 안에서 떠오른 생각들이 실제의 나를 모두 담아내지 못하기 때문이다.

우리는 관계 속에서 살아가는 존재다. 혼자 있는 나와, 누군가와 함께 있을 때의 나는 다르다. 오히려 타인의 말과 눈빛, 반응 속에서 내가 어떤 사람인지 더 분명히 드러나는 순간이 있다.

친구의 말 한마디에 뜻밖의 상처를 받았을 때, 내가 어떤 말에 민감한지 깨닫는다. 누군가의 행동에 기뻐하며 웃을 때, 내가 진짜 좋아하는 것이 무엇인지를 알게 된다. 관계는 나를 흔들지만, 그 흔들림 속에서 나는 나의 방향을 찾아간다.

고요한 고독이 나를 정리한다면 타인과의 관계는 나를 시험하고 드러낸다. 고독은 내가 나를 만나는 시간이고, 관계는 내가 타인을 통해 나를 확인하는 시간이다. 그래서 둘 다 필요하다. 오직 혼자만 있어서는 모를 감정이 있고, 오직 함께할 때만 배울 수 있는 나의 모습이 있다. 고독 속의 나도 관계 속의 나도 모두 진짜 나다. 혼자일 때는 조용히 나를 마주하고, 함께할 때는 살아 있는 나를 발견한다. 이 두 모습을 균형 있게 유지할 때 우리는 더 온전한 존재로 살아갈 수 있다.

마음에 새겨 보세요

흘러가는 시간을 붙잡는 단 하나의 방법

자아는 본질적으로 과거를 가진 존재다.

— 조시아 로이스, 《현대 철학의 정신》

내가 어떤 사람인지, 무엇을 중요하게 여기는지, 어떤 상처가 지금의 나를 만들었는지는 과거에 담겨 있다. 진짜 나를 이해하려면 흘러간 시간을 다시 들여다봐야 한다.

사람의 마음은 하루아침에 만들어지지 않는다. 예전에 겪은 일, 말하지 못했던 감정, 버렸다고 생각했지만 여전히 남아 있는 기억들이 차곡차곡 쌓여서 지금의 내가 되었다. 그런데 그 감정들과 생각들을 제대로 돌아보지 않으면 나는 나를 알 수 없다. 그저 '지금 힘든 나', '잘하고 싶은 나'만 보인다.

어떻게 나를 제대로 볼 수 있을까? 방법은 하나다. 글을 써야 한다. 매일의 감정과 기억나는 장면, 지금 떠오르는 생각을 적어야 한다. 그렇게 써 내려가다 보면 마음속에 쌓인 나의 진짜 모습들이 떠오른다. 그리고 그것을 마주하는 동안 나는 조금씩 나를 이해하게 된다.

글쓰기는 시간을 붙잡는 기술이다. 그냥 흘러가면 사라질 감정, 잊힐 생각, 말하지 못한 진심이 글 속에 남는다. 그렇게 한 문장씩 적다 보면 하루는 기록되고 나는 나를 만난다.

결국 글을 쓰는 사람은 자기 삶을 기억하고, 이해하고, 다시 선택할 수 있다.

오늘은 아직 쓰이지 않은 이야기다

죽음은 내가 나 자신을 구성하는
모든 자유로운 행위의 가능성을 끝장낸다.

— 사르트르, 《존재와 무》

우리는 살아 있는 동안 많은 가능성 속에 존재한다. 오늘 저녁에 무엇을 먹을지, 어떤 길로 걸을지, 누구와 시간을 보낼지를 스스로 선택할 수 있기 때문이다. 인간은 선택이라는 가능성 속에서 살아가는 존재다.

그런데 죽음은 이러한 선택지 중 하나가 아니다. 그건 내가 어떤 것도 더 이상 할 수 없게 되는 순간이다. 죽음이 모든 가능성의 끝이라면, 이 삶을 생생하게 살아가고 있는 나에게는 무한한 가능성이 남아 있다. 숨을 쉬고 있다는 것은 여전히 내가 할 수 있는 일이 많다는 뜻이다.

오늘 하루도 내가 어떤 말을 할지, 누구를 만날지, 무엇을 시작할지는 내가 정할 수 있다. 지금 이 순간은 아직 끝이 아니기 때문에, 새로운 일이 일어날 수 있는 시간이다. 변화할 수 있고, 사랑할 수 있고, 실수도 다시 고칠 수 있다.

우리는 종종 일상이 똑같다고 느끼며 시간을 흘려보낸다. 하지만 죽음이 모든 가능성의 끝이라면, 그 끝이 오기 전의 시간은 전부 소중하다. 평범해 보이는 오늘도 사실은 내가 만들어 갈 수 있는 무한한 가능성의 집합이다.

죽음이 나의 끝이라면 지금 이 순간은 내가 가진 전부다. 오늘은 아직 닫히지 않은 문이며, 아직 쓰이지 않은 이야기다. 그리고 그 이야기의 주인공은 바로 나 자신이다.

마음에 새겨 보세요

끝이 있기에 지금의 선택이 무겁다

죽음은 그 자체로 보상이다.
모든 악은 일시적이며, 더 나은 시간이 올 수 있기 때문이다.

—조지 산타야나, 《이성의 삶》

죽음은 우리가 인생을 더 신중하게 살아야 한다고 말해 준다. 인생은 한 번뿐이기에, 지금 하는 말과 지금 내리는 선택이 결코 가볍지 않다. 죽음이 없다면 지금은 대충해도 괜찮다고 생각할 수 있다. 하지만 삶에는 끝이 있고, 그 끝이 언제 올지 모른다는 사실을 알기에, 우리는 지금 이 순간을 좀 더 진심으로 살아가야 한다.

죽음이 있다는 건, 어떤 말은 영원히 되돌릴 수 없고, 어떤 행동은 그대로 남는다는 뜻이다. 아무렇지 않게 던진 말이 누군가에게 마지막이 될 수도 있고, 미뤘던 사과는 영영 말할 기회를 놓칠 수도 있다. 이런 가능성은 사람을 조금 더 조심하게 만들고 관계를 더욱 소중히 바라보게 한다.

죽음은 단지 삶의 끝이 아니라, 삶을 하나의 이야기로 완성해 주는 마지막 장면이다. 우리는 누군가가 세상을 떠나고 나서야 그 사람의 말과 행동, 하루하루의 모습이 얼마나 의미 있었는지 되돌아본다. 그래서 죽음은 한 사람의 삶을 하나의 '전체'로 만들어 주는 마침표와 같다. 끝이 있다는 것은 지금의 선택이 마지막일 수도 있다는 뜻이다. 지금 나누는 대화와 안부 인사, 이 웃음이 마지막일 수도 있다는 생각은 삶을 가볍게 대하지 못하게 한다. 그 유한함이 우리를 더 진지하게, 더 따뜻하게 만든다.

죽음은 모든 것을 끝내는 힘을 가지고 있다. 하지만 동시에 지금 이 순간을 더 진지하고 아름답게 살아가게 만드는 힘이 되기도 한다. 끝이 있기 때문에 우리는 책임 있게 살고, 후회 없는 하루를 만들기 위해 노력한다. 그래서 죽음은 어쩌면 나를 더 나은 삶으로 이끄는 인생의 장치일지도 모른다.

마음에 새겨 보세요

미루지 말고 지금을 살아라

잃어버린 시간은 결코 되찾을 수 없다.

— 벤저민 프랭클린, 《가난한 리처드의 달력》

한창 젊었을 때는 시간이라는 자원이 무한하게 여겨진다. 하지만 어느 순간 나이가 들면 지나간 시간은 절대 다시 돌아오지 않는다는 사실을 깨닫는다. 그리고 지금 하지 않으면 영영 못 하게 될 수도 있는 일들이 얼마나 많은지를 생각하게 된다. 시간은 누구에게나 똑같이 주어지지만 누구나 똑같이 쓸 수 있는 자원은 아니다. 미뤄 두었던 한 걸음, 하지 못했던 대화, 흘려보낸 하루가 뒤늦게 아쉬움으로 돌아온다.

그래서 우리는 더 늦기 전에 매 순간을 의미 있게 살아야 한다. 시간을 낭비하지 않는다는 것은 단순히 더 많은 일을 해내는 것을 뜻하지 않는다. 진짜 중요한 것은 나에게 소중한 것들을 놓치지 않는 일이다. 조용히 책을 읽는 시간, 가족과 마주 앉아 나누는 대화, 친구에게 전하는 따뜻한 인사처럼 이런 순간들이 결국 우리의 삶을 빚어낸다.

우리의 인생을 살펴보면, 할 일은 많은데 시간은 늘 부족하다고 느껴
진다. 그리고 마음은 항상 분산되어 있다. 이럴수록 '잃어버린 시간'이
라는 말은 더욱 아프게 다가온다. 그래서 지금 하지 않으면 후회할 일
이 무엇인지 자주 떠올려야 한다.

시간은 단지 흐르는 것이 아니라, 우리 삶의 그릇이자 재료다. 그 안
에 무엇을 담을지는 온전히 나의 선택이다. 중요한 것은 시간을 대하
는 나의 태도다. 오늘 이 하루, 나는 어떤 마음으로 살아가고 있는가.
"나는 왜 그때 그 일을 미뤘을까?"라는 질문이 후회로 남지 않도록 지
금 이 자리에서 작은 행동 하나하나를 신중하게 선택한다. 시간은 어
제가 아니라 오직 지금 이 순간에만 살아 있기 때문이다.

마음에 새겨 보세요

마음속에 공허함이 남는 이유

어떤 음악의 구절이나 리듬을 듣고 그것을 전체로 파악하면,
당신 안에 시간의 질서에 대한 신성한 감각이 생긴다.

— 조시아 로이스, 《현대 철학의 정신》

요즘 사람들은 시간을 쪼개는 데 익숙하다. 30분 단위로 일정을 정리하고 알람을 맞추며 시간표대로 하루를 밀어붙인다. 마치 시간을 잘 관리하기만 하면 삶도 자연스럽게 정돈되리라 믿는 것 같다. 하지만 그렇게 쪼개고 나눈 시간 속에서 우리는 과연 삶을 진정으로 살고 있는 걸까?

시간은 관리할 대상이면서도, 동시에 감각하고 느껴야 할 경험이기도 하다. 음악을 예로 들면 쉽게 이해할 수 있다. 음악을 들을 때 우리는 박자만 세거나 몇 분 몇 초로 계산하지 않는다. 우리는 전체 흐름 속에서 리듬을 타고, 감정을 따라가며 하나의 곡을 경험한다.

시간 관리는 필요하다. 하지만 관리에만 집중하다 보면 정작 그 시간 안에서 내가 어떻게 존재하고 있는지를 잊기 쉽다. 해야 할 일은 모두 했지만 하루를 제대로 느끼지 못한 날들이 있다. 바쁘게 보냈음에도 마음속엔 공허함만 남는 이유가 여기에 있다.

시간은 관리의 대상이기 전에 먼저 살아내야 할 흐름이다.

한순간을 완전히 살아내는 사람은, 그날의 시간을 놓치지 않는다. 반면, 수많은 일을 했지만 마음은 한곳에도 머물지 못한 사람은 하루를 통째로 잃어버린다. 얼마나 바쁘게 보냈느냐가 아니라, 얼마나 깊이 있게 머물렀느냐가 시간의 질을 결정한다.

오늘 하루, 시간을 쪼개는 대신 흐름을 느껴야 한다. 그 흐름 속에 머물 때 비로소 삶은 다시 시작된다.

마음에 새겨 보세요

포기할 것인가, 돌파할 것인가

– 미래를 위한 혜안

내 인생의 주인공은 나다

다른 누군가의 판단이 아니라,
자신의 판단을 믿어야 한다.

— 몽테뉴, 《수상록》

당신의 인생을 최종적으로 책임지는 사람은 누구인가? 부모인가, 배우자인가, 친구인가? 결코 아니다.

인생의 모든 선택과 결정에서 최종 결정권자는 바로 나 자신이다. 다른 사람들의 의견과 조언은 참고할 수 있다. 하지만 결국 선택은 내가 해야 하고 그 결과도 내가 감당해야 한다. 내 삶의 방향을 결정하는 것은 온전히 내 몫이다.

우리는 종종 타인의 기대와 판단에 의존한다. 부모가 원하는 직업을 선택하고 친구들이 좋아할 만한 옷을 입으며 사회가 인정하는 삶의 방식을 따른다. 그러나 이러한 선택들이 과연 나를 진정으로 행복하게 하는가? 타인의 기준에 맞춰 살다 보면 어느 순간 자신을 잃게 된다. 자기 목소리를 듣지 못하고, 자신의 꿈을 좇지 못하는 삶은 결국 후회로 이어진다.

자신의 판단을 믿는다고 해서 모든 조언을 무시하라는 뜻은 아니다. 다양한 의견을 듣고 이를 자신만의 생각으로 정리할 수 있는 지혜가 필요하다. 전문가의 조언, 친구의 충고, 그리고 가족의 걱정까지 모두 귀담아들어야 한다. 그러나 최종 결정은 내가 내려야 하며, 그에 따른 결과도 내가 책임져야 한다.

내 삶의 주인이 된다는 것은 책임을 요구한다. 자신의 판단을 믿고 행동한다는 것은 그 결과를 온전히 받아들이는 자세를 의미한다.

스스로 내린 결정을 책임지는 과정에서 우리는 더 강해지고 더 현명해진다. 이것이 진정한 자유이며 성장의 출발점이다. 몽테뉴의 말처럼, 타인이 아닌 자신의 판단을 믿을 때 비로소 내 인생을 살 수 있다. 인생의 키는 결국 내 손에 달려 있다.

마음에 새겨 보세요

인생 후반부는 성찰의 시간이다

인생의 오후는 아침만큼이나 의미가 있다.
단지 그 의미와 목적이 다를 뿐이다.

—카를 융, 《기억 꿈 사상》

어느 날 문득 이런 생각이 든다. "이제 뭘 더 해야 하지?" 예전에는 분명 바빴고, 할 일도 많았으며, 하고 싶은 것들도 분명했다. 그런데 어느 순간부터는 무언가를 더 이룬다고 해서 마음이 채워질 것 같지 않다는 생각이 든다. 눈앞의 일은 계속되지만, 가슴속은 텅 빈 것 같다. 이건 단순한 우울도, 게으름도 아니다. 삶의 방향이 바뀌었는데, 내가 그걸 따라가지 못하는 것이다.

인생의 전반부는 학업과 직장, 결혼과 자녀, 내 집 마련과 승진처럼 무엇을 향해 달려야 할지가 비교적 분명하다. 하지만 그런 삶을 거의 40대까지 달리다 보면, 어느 순간 벽을 만난다. '다음'이 보이지 않는다. 그 순간 우리는 어디로 가야 할지 몰라 당황스럽다.

대부분 사람이 인생의 전반이 끝나고 후반으로 넘어가는 시기에 공허함을 느낀다. 몸은 계속 움직이고 할 일은 남아 있는데, 마음은 어디로 가야 할지 잘 모른다. 많은 사람이 이 시기에 "나는 무언가 부족한가?"라고 자책하지만, 실은 부족한 게 아니다. 단지 인생의 관점을 다르게 봐야 할 시기임을 깨닫지 못한 것이다.

인생 전반부가 세상에 나를 보여 주는 시간이었다면, 후반부는 나에게 나를 돌려주는 시간이다. 인생 후반부에서는 세상이 바라보는 내가 아니라, 내가 바라보는 나에게 집중해야 한다. 그래서 이때 필요한 건 더 큰 성공이 아니다. 내가 진짜 원하는 게 무엇인지, 무엇이 내 인생에서 진정으로 의미 있고 가치 있는 일인지 찾아야 한다.

이 시기엔 잠시 멈추는 것이 중요하다. 바쁘게 뛰는 대신, 내 마음의 목소리를 듣는 시간이 필요하다 그러면서 나에게 질문을 던져야 한다. "나는 지금 어떤 사람이 되어 가고 있는가?", "내 삶의 의미는 무엇일까?", "무엇을 남기고, 무엇은 놓아도 괜찮을까?"

마음에 새겨 보세요

자기 자신을 믿어라

유일하게 좋은 것, 행복한 삶의 근본이자 믿고 의지할 것은 단 하나다.
바로 자기 자신을 믿는 것이다.

—세네카, 《서한집》

세상의 기준은 변덕스럽다. 어제의 정답이 오늘은 틀린 답이 되고, 지금의 판단은 시간이 지나야 비로소 옳았음을 깨닫는다. 그런 불확실한 세계에서 유일하게 의지할 수 있는 나침반은 자기 자신이다.

누군가 창업을 결심했다고 해 보자. 주변에서는 만류하고 실패 가능성을 강조한다. 하지만 그는 자신의 방향성을 신중히 고민한 끝에 실행에 옮긴다. 결과가 성공이든 실패든, 그는 말한다. "나는 그 선택을 후회하지 않는다. 그 과정에서 내가 무엇을 배웠는지가 더 중요하다." 이처럼 자기 자신을 믿는다는 것은 어떤 선택을 하고 어떤 결과가 나오든 자신을 끝까지 존중하는 태도를 말한다. 우리는 종종 결과로 나를 판단하려 한다. 성과가 없으면 자신의 부족함을 탓하고, 무언가를 이뤄야만 가치 있는 사람이라고 여긴다. 하지만 자기 자신을 믿는 사람은 결과가 기대에 못 미치더라도 자신을 함부로 깎아내리지 않는다. 오히려 실패를 통해 더 많이 배우고, 더 성장한 자신이 될 수 있다고 믿는다.

그래서 결국 중요한 질문은 이것이다. "나는 나를 믿는가?"

누구보다 자신을 잘 아는 내가 나를 끊임없이 의심한다면, 세상의 누구도 나를 대신 지탱해 줄 수 없다. 자기 자신을 믿는다는 것은 불완전한 나를 따뜻하게 끌어안는 태도다. 삶은 언제나 완전하지 않지만 그 안에서 자신을 믿는 사람은 쉽게 무너지지 않는다.

마음에 새겨 보세요

나를 가로막는 것들이 나의 길이 된다

나를 가로막는 것들이 나를 앞으로 나아가게 만든다.
길을 가로막고 있는 것들이 곧 나의 길이 된다.

—마르쿠스 아우렐리우스 《명상록》

인생에는 수많은 장애물이 존재한다. 때로는 그 앞에서 멈추거나 방향을 잃는다. 하지만 장애물이 항상 문제인 것은 아니다. 고난의 시간을 지나고 나면 우리는 한층 더 성장한 나를 만난다. 때로는 장애물 덕분에 새로운 길을 찾기도 한다. 길이 막혔기 때문에 다른 가능성을 모색하고, 그 과정에서 전혀 예상치 못한 기회를 마주하게 되는 것이다.

한 청년이 오랜 시간 공무원 시험을 준비했다. 2년 넘게 노력했지만 결과는 불합격이었다. 큰 좌절 속에서 그는 자신의 길이 끝났다고 느꼈다. 그러나 그 시간을 지나는 동안 그는 우연히 '심리상담사'라는 직업을 알게 되었다. 그는 사람들과 소통하며 도움을 줄 때 큰 만족감을 느낀다는 사실을 깨닫고 다시금 도전을 시작했다.

장애물이 결국 그를 진짜 길로 인도한 셈이다. 처음에는 막다른 골목

처럼 보였던 상황이 되돌아보면 '진짜 나의 길'을 가리키고 있었던 것
이다.

우리가 흔히 실패라 부르는 순간들이, 실은 우리를 더 깊고 진실한 방
향으로 이끄는 삶의 방식일 수 있다. 물론 이것은 그 벽 앞에서 멈추
지 않고, 끝까지 의미를 붙잡고자 할 때 드러난다.

삶은 마치 대장장이의 망치질처럼 끊임없이 우리를 두드리고 다듬는
다. 장애물은 그 과정에서 우리를 더 단단하고 아름답게 만든다.

아우렐리우스가 말했듯 삶의 모든 사건은 우리를 완성하기 위해 존
재한다. 장애물은 결국 우리가 더 나은 모습으로 거듭나게 하는 인생
의 장치다.

마음에 새겨 보세요

비워야 길이 열린다

虛室生白(허실생백)
방을 비우면 그곳에 빛이 들어와 환해진다.

— 장자, 《장자-내편》〈인간세〉

사람들은 인생에서 '채우는 일'에 집중한다. 높은 연봉, 화려한 명함, 남들이 부러워할 만한 성취를 끊임없이 쌓아 올린다. 그러나 이 모든 것이 채워질수록 불안도 함께 커진다. 원하는 것을 손에 넣어도 곧 더 큰 욕망이 자리를 차지하고, 마음은 더욱 큰 갈증을 느끼게 된다. 마치 바닷물을 마시는 것처럼 채움은 오히려 더 심한 목마름으로 이어진다.

삶은 채우는 일만으로 완성되지 않는다. 때로는 비워야 한다. 버리고 내려놓을 때 비로소 길이 열린다. 애써 움켜쥔 것들이 오히려 나를 가두는 벽이 되기도 한다. 물론 목표를 이루겠다는 의지가 중요하지만, 그 목표가 나를 속박한다면 멈춰야 한다.

삶의 방향을 찾고 싶다면, 먼저 가벼워져야 한다. 머릿속을 가득 채운 불안과 집착을 내려놓아야 한다. 무언가를 반드시 얻어야 한다는 강박에서 벗어나면 오히려 더 본질적인 것이 보인다. 그것은 우리가 집착했던 것보다 훨씬 더 깊고 소중한 것일지도 모른다.

집착을 버릴 때 길은 자연스럽게 열린다. 억지로 움켜쥘 필요는 없다. 빈방이 되어야 빛이 들어오고, 텅 빈 손이 되어야 더 많은 것을 받을 수 있다. 지금 당신이 붙잡고 있는 것은 무엇인가? 손을 펴는 순간, 새로운 길이 눈앞에 펼쳐질 것이다.

마음에 새겨 보세요

그저 흘러가는 대로 살아보자

天法道 道法自然(천법도 도법자연)
하늘은 도를 따르고, 도는 자연을 본받는다.

—노자, 《도덕경》 25장

살다 보면 삶의 방향을 잃고 막막해질 때가 있다. 우리가 좇아야 할 목표가 무엇인지, 사회가 요구하는 기준에 맞춰 살아가는 것이 옳은지 끊임없이 고민하게 된다. 이럴 때 노자는 자연을 닮은 인생을 살아야 한다고 말한다.

노자가 말한 자연은 본래의 가진 모습을 의미한다. 나무가 자라듯, 물이 흐르듯, 우리의 삶도 자연스러움 속에서 스스로의 길을 찾아간다. 억지로 자신을 바꾸려 하기보다 타고난 기질과 본성에 맞는 삶을 살아야 한다. '나는 나다'라는 단순한 진리가 가장 자연스러운 삶의 출발점이다.

인생은 거대한 강과 같다. 우리는 강물을 거슬러 올라가려 애쓸 수도 있고, 그 흐름에 몸을 맡길 수도 있다. 흐름을 거스를수록 삶은 더 힘들어지고, 흐름을 따를수록 삶은 더 수월해진다. 억지로 무엇을 이루려 하기보다 자연스러움 속에서 나를 찾고 흘러가는 대로 살아가는 것이 더 지혜롭다.

삶은 타인의 기준이나 인위적인 목표에 맞추기 위해 존재하지 않는다. 우리는 흐르는 강물처럼, 바람에 흔들리는 나뭇잎처럼 본연의 모습으로 살아갈 때 가장 아름답다. 타고난 기질을 믿되 억지로 바꾸려고 하면 안 된다.

그것이 노자가 말한 도의 길이며, 우리가 걸어가야 할 길이다.

마음에 새겨 보세요

위험하게 살아라

믿어 보자.
가장 위대한 풍요와 가장 큰 즐거움을 끌어내는 비법은
바로 '위험하게 살기'다.

—니체, 《즐거운 학문》

세상은 안정적인 삶이 최고라고 말한다. 안전하게 살기 위해선 학창 시절부터 공부를 잘하고, 좋은 대학에 가고, 괜찮은 사람과 결혼해야 한다고 가르친다.

물론 이런 삶도 나쁘지 않다. 하지만 인생에는 단 하나의 길만 존재하지 않는다. 사람마다 생각이 다르고, 개성이 다른 만큼 삶의 풍경도 저마다 다르다. 사실 내가 간절히 원하는 삶이 아닌데도 사회가 정한 기준에 맞춰 억지로 살아가는 건, 따뜻하지만 숨 막히는 감옥에 갇힌 것과 같다.

그 반대편에 있는 삶이 바로 니체가 말한 '위험한 삶'이다. 위험한 인생은 불확실하지만 생동감이 있다. 자신이 진정 원하는 것이 무엇인지 끊임없이 질문하고 그 목표를 향해 스스로의 길을 선택하며 나아간다. 남들이 정한 틀에 갇히기보다, 스스로 가치를 창조하며 살아간다. 직업도, 삶의 방식도 타인이 아닌 자기 신념과 열정에 따라 결정한다. 이것이 니체가 말한 위험한 삶이다.

물론 니체가 말한 위험한 삶이 무작정 회사를 그만두고 모든 걸 내려놓으라는 뜻이 아니다. 중요한 것은 삶을 대하는 태도다. 안정된 틀 속에서도 스스로 의미를 만들어 갈 수 있다. 같은 회사에 다니더라도 어떤 이는 끊임없이 배우고 도전하며 자신의 철학을 담아내고, 또 다른 이는 높은 연봉을 받으면서도 하루하루를 무의미하게 보낸다.

결국 삶에서 더 중요한 건 '방식'보다 '태도'다. 니체는 우리가 단순히 '사는 것'이 아니라, '진짜 살아가는 것'을 원했다. 삶은 단순한 생존이 아니다. 자신만의 가치를 창조하는 여정이다. 어디서 무엇을 하든 내가 의미를 느끼는 일을 해야 한다. 단순히 돈을 버는 것이 아니라, 그 안에 나의 철학과 가치관을 담아야 한다.

그렇게 살아갈 때 우리는 비로소 온전히 살아 있는 존재가 된다.

마음에 새겨 보세요

멈추는 순간 인생이 보인다

관조는 인간이 할 수 있는
최고의 활동이다.

— 아리스토텔레스, 《니코마코스 윤리학》

관조란 세상을 깊이 생각하고 바라보는 태도를 뜻한다. 바쁘게 움직이며 눈앞의 일만 처리하기보다는 "우리는 어떻게 살아가는가?", "무엇이 옳고 좋은 삶인가?" 같은 질문을 던지고 고민하는 것이다. 아리스토텔레스는 인생에서 관조가 필요한 이유를 세 가지 관점으로 설명했다.

첫째, 관조는 오래 지속할 수 있다. 돈, 명예, 사회적 지위는 시간이 지나면 변하거나 사라질 수 있다. 돈은 잃을 수 있고, 명예도 쉽게 무너질 수 있다. 하지만 생각하고 바라보는 능력은 외부 조건과 무관하게 지속할 수 있다. 어떤 환경에 있든 우리는 계속해서 관조할 수 있다.

둘째, 관조는 타인에게 의존하지 않는다. 돈을 벌려면 일자리가 필요하고 인정받으려면 타인의 평가가 필요하다. 그러나 사유는 오직 나 혼자서도 가능하다. 책이 없어도, 조용한 공간이 없어도, 우리는 언제

어디서든 스스로 질문을 던지고 답을 찾아갈 수 있다. 나의 삶을 스스로 설명해 내는 힘은 바로 관조에서 비롯된다.

셋째, 관조는 나를 성장시킨다. 깊이 있는 사유는 더 나은 선택으로 이끈다. 감정에 따라 충동적으로 행동하거나, 남들의 말에 휘둘리는 삶은 결국 나를 잃게 만든다. 하지만 '진짜 내가 원하는 것은 무엇인가'를 끊임없이 탐구하는 삶은 나를 더 성숙하고 단단한 존재가 되게 한다.

바쁜 삶 속에서도 잠시 멈춰 서서 생각해 보자. 나는 왜 이 길을 걷고 있는가? 지금 내게 진짜 중요한 것은 무엇인가?

이런 관조의 시간이 쌓일수록 우리는 단순히 '살아가는 사람'이 아니라, 진짜 삶을 사는 사람이 되어 간다.

마음에 새겨 보세요

세상의 기준에서 벗어나는 법

세상이 공허하다는 것,
세상의 아름다움도 다 부질없다는 확신이 들어야
이 세계의 진실한 의미를 깨달을 수 있다.

— 쇼펜하우어, 《소품과 부록》

우리가 살아가는 세상은 끊임없이 성공과 행복의 기준을 제시한다. 물질적 풍요, 사회적 인정, 외적 아름다움을 추구하라고 말한다. 그러나 쇼펜하우어는 이러한 가치들이 본질적으로 공허하다고 말했다.

우리는 무언가를 얻기 위해 끊임없이 달리고, 얻은 후에는 또 다른 욕망에 사로잡힌다. 끝없는 욕망의 순환 속에서 진정한 만족을 느끼기는 어렵다. 세상이 제시하는 기준에 따라 살아가는 삶은 마치 반복되는 굴레와 같다.

세상의 공허함을 깨닫는 일은 고통스럽다. 오랫동안 믿어 왔던 가치관이 무너지고, 익숙했던 삶의 방식이 혼란스러워지기 때문이다. 그러나 쇼펜하우어는 이 고통스러운 각성이 해방의 첫걸음이 된다고 보았다. 세상의 화려함과 아름다움이 결국 부질없다는 확신이 들 때 비로소 세계의 진실한 의미에 다가설 수 있다고 말했다.

세상의 환상으로부터 벗어날 때 우리는 비로소 자신의 진정한 가치를 향한 여정을 시작할 수 있다.

이러한 해방은 현실 도피가 아니라, 세계의 본질을 더 깊이 이해하고 수용하는 과정이다. 공허함을 인식하는 일은 허무주의로 끝나지 않고, 오히려 삶의 본질을 마주하게 한다. 쇼펜하우어가 말한 '세계의 진실한 의미'는 바로 이러한 각성에서 비롯된다. 세상의 화려함에 집착하지 않을 때 우리는 삶의 모든 순간을 더 깊이 경험할 수 있다.

자유로움의 여정은 끊임없는 자기 성찰과 질문을 요구한다. 무엇이 진정으로 나를 행복하게 하는가? 무엇이 내 삶의 의미인가? 세상의 기준에서 벗어나 고요히 자신을 마주할 때 우리는 비로소 삶의 방향을 묻기 시작한다. 시작은 언제나 이 세상에 본질적인 의미가 없을지도 모른다는 사실을 인정하는 데서 출발한다. 그리고 그 순간이야말로 진정한 자유를 향한 첫걸음이다. 쇼펜하우어의 통찰은 우리에게 말해 준다. 공허함을 아는 자만이 진실에 다가설 수 있다고.

마음에 새겨 보세요

두려워 말고 자신의 삶을 발명하라

살아 있음은,
아직 자신을 무엇으로 만들지 결정하지 않은 상태다.

—사르트르 《실존주의는 휴머니즘이다》

살아 있다는 것은 아직 아무것도 결정되지 않았다는 뜻이다. 즉 지금 이 순간 '나'라는 존재는 완성된 결과물이 아니라 가능성의 한가운데에 놓여 있다. 누가 뭐라 하든 나는 여전히 나 자신을 빚어가는 중이다.

많은 사람이 자신을 고정된 존재로 여긴다. "나는 원래 이런 성격이야", "나는 이런 가정에서 자랐으니까", "나는 늘 이랬어"라고 말하며 스스로를 하나의 '완제품'처럼 규정한다. 하지만 우리는 아직 만들어지는 과정에 있다. 나의 방향도, 속도도, 형태도 살아가는 동안 계속 바뀔 수 있다.

어제의 내가 오늘의 나를 완전히 결정하지도 않는다. 비록 어제는 실패했을지라도, 오늘의 나는 새로운 선택을 할 수 있다. 과거에 실수했다고 해서 그것이 나의 현재 가능성을 제한하지 않는다. 인간은 스스로 선택한 대로 존재할 뿐이다. 그래서 지금 이 순간의 선택과 행동이 인생에서 가장 중요하다.

삶은 멈춰 있는 상태가 아니다. 매 순간이 선택이고 그 선택들은 내 삶의 구조를 조금씩 바꾸어 간다. 아주 사소한 결정조차도 미래의 나를 구성하는 한 조각이 된다. 매일의 선택이 쌓여 나라는 사람을 만들어 간다.

살아 있는 한, 우리는 아직 결정되지 않았다. 그렇기에 언제든 다시 시작할 수 있다. 실패해도 괜찮고, 방향을 바꿔도 괜찮다. 인생은 정해진 운명이 아니라, 내가 스스로 만들어 가는 하나의 작품이다. 삶이란 가능성이다. 그리고 그 가능성의 주인은 언제나 나 자신이다.

마음에 새겨 보세요

우리는 경험을 통해 진짜 인생을 산다

인간의 조건은 인간의 활동과 경험을 통해 형성된다.

— 한나 아렌트, 《인간의 조건》

인생은 경험을 통해 완성된다. 여기서 말하는 경험이란 꼭 여행을 가거나 새로운 일을 시도하는 것만을 뜻하지 않는다.

내 안에서 일어나는 감정, 어떤 사건에 대한 반응, 사람들과의 관계에서 생기는 작은 갈등들까지도 모두 소중한 경험이다. 이런 일들을 그저 겪기만 해서는 안 된다. "내가 이런 감정을 느끼고 있구나", "이런 상황에서 나는 왜 이렇게 행동했을까?" 하고 스스로 돌아보는 순간 그 경험은 삶에 의미 있는 흔적으로 남는다.

그 흔적들이 쌓여 지금의 나를 만들고, 내가 어떤 사람인지 알려 주는 길잡이가 된다. 하지만 우리는 '경험하고 있다'고 착각할 때도 많다. 여행을 다녀오고, 사진을 찍고, 무언가를 해 봤다는 기록이 있다고 해서 반드시 그것이 삶이 되는 것은 아니다.

진짜 경험이란 내가 스스로 선택하고 내 몸과 마음으로 느끼며 나만의 생각으로 받아들이는 과정이다. 경험한다는 것은 '깨어 있는 상태'로 살아간다는 뜻이다. 기쁜 일만 받아들이는 것이 아니라, 아픈 일이나 어지럽고 불확실한 상황까지도 있는 그대로 느끼는 것이다. 오히려 그런 낯설고 불편한 순간들 속에 진짜 내가 숨어 있다.

그래서 우리는 경험을 통해 조금씩 진짜 나로 다시 태어난다. 겉모습은 같아도 마음은 훨씬 더 깊어진 새로운 나로 살아가게 된다.

지금 당신은 어떤 삶을 살고 있는가? 이미 당신답게 살고 있는가, 아니면 아직 시작하지 못한 채 바라만 보고 있는가? 진짜 나로 살기 위해서는 조금 더 천천히, 더 깊이, 더 솔직하게 삶에 참여해야 한다. 그렇게 우리는 매일 다시 태어날 수 있다.

마음에 새겨 보세요

창조하는 인생

인간 내면의 아이는 독창성과 창조성의 원천이며,
놀이터는 그의 능력과 재능이 펼쳐지는 최적의 환경이다.

— 에릭 호퍼, 《인간 조건에 관한 성찰》

많은 사람이 창조적인 삶은 특별한 사람들에게만 허락된 것이라 믿는다. 예술가나 발명가, 혁신적인 기업가처럼 '무언가를 만들어 낸 사람'만이 창조적인 삶을 산다고 생각한다. 하지만 에릭 호퍼는 창조성은 우리가 모두 지닌 것이라고 말한다.

창조적인 인생을 산다는 것은 거창한 업적을 남기는 일을 의미하지 않는다. 그것은 내 삶을 새로운 방식으로 바라보고, 똑같은 하루 속에서도 작고 다른 길을 시도해 보는 일이다. 말투 하나, 식사 방식 하나, 관계 맺는 방식 하나가 조금씩 바뀌면 삶 전체가 새로워진다. 마치 아이처럼 말이다. 아이는 똑같은 모습을 매번 다르게 해석하고, 매일을 새로운 장난감처럼 즐긴다. 아이가 하는 놀이 속에는 창의성이 가득하다. 그리고 우리는 모두 한때 그런 아이였다.

우리 안에는 누구나 자기만의 아이가 존재한다. 인생이 흘러가다 보면 반복과 안정만으로 살아가는 시기가 있다. 바로 그때야말로 내 안의 아이를 깨워야 한다. 그리고 다시 놀이터를 만들어야 한다. 그 놀이터는 특별하거나 화려할 필요는 없다. 일상의 작은 틈, 좋아하는 물건을 다루는 시간, 나만의 속도로 생각을 정리하는 산책만으로도 충분하다. 이 모든 것이 우리의 가능성을 펼칠 놀이터가 된다. 오늘 당신은 어떤 놀이로 하루를 시작할 수 있을까? 어떤 방식으로 당신만의 재능과 감각을 깨워 낼 수 있을까? 놀이터는 여전히 그 자리에 있다. 다시 아이가 되기로 결심하는 순간 당신의 창조성도 함께 깨어난다.

인생을 밀도 있게 만드는 것

인간의 삶은 사랑으로 이루어진다.

—레프 톨스토이, 《사람은 무엇으로 사는가》

사람은 왜 살아가는가? 어떻게 살아야 잘 사는 것인가? 톨스토이는 이 물음에 '사랑'이라고 답했다.

사랑이라고 하면 흔히 남녀 간의 연애를 떠올린다. 하지만 인생에서 사랑은 훨씬 더 다양한 모습으로 펼쳐진다. 부모가 자식을 바라보는 눈빛, 친구 간의 깊은 우정, 내가 아끼는 일을 위해 들이는 정성, 이 모든 것이 사랑이다. 우리는 사실 매일 사랑 속에서 살아간다.

가족에 대한 사랑은 나를 지탱하는 뿌리처럼 작용한다. 때로는 귀찮고 복잡한 관계처럼 느껴질지라도, 그 안에는 언제든 돌아갈 수 있는 따뜻한 장소가 있다. 가족은 완벽해서가 아니라, 서로를 지켜보는 시간 속에서 사랑이 쌓이기에 소중하다. 나를 좋아해 주는 사람, 내가 아끼는 사람이 존재한다는 사실은 삶 전체에 색을 입힌다.

또한 우리는 내가 좋아하는 일에 대한 사랑으로도 살아간다. 무언가에 몰입하는 순간, 누군가 보지 않아도 기꺼이 시간을 들이는 그 마음 안에는 사랑이 있다. 일이든 취미든, 혹은 세상의 어느 한구석이든 내 마음을 다해 애정을 기울일 수 있는 대상이 있다는 것은 삶을 더 단단하고 충만하게 만든다.

누군가에게 마음을 주고, 어떤 대상에 관심을 기울이고, 나를 포함한 이 세계에 애정을 품는 일이 곧 사랑이며, 오늘의 나를 살아가게 하는 원동력이 된다.

오늘 하루, 당신은 무엇을 사랑하고 있는가? 사랑하고 있다는 사실만으로도 우리는 꽤 괜찮게 살아가고 있는지도 모른다.

마음에 새겨 보세요

기록의 힘

매일 나의 생활을 정직하게 기록했다….
내 기록은 일관되고 균형을 잘 유지할 것임을 확신한다.

—랠프 월도 에머슨, 《자기 신뢰》

랠프 월도 에머슨은 14세부터 60여 년 동안 일기를 썼다. 그는 매일 자신의 생활을 정직하게 기록했다. 시간이 흐를수록 그 기록은 단순한 일상을 넘어서 사상과 철학을 담은 깊이 있는 글이 되었다. 그는 일기를 통해 생각을 정리하고, 변화하는 자신을 관찰하며, 삶의 방향을 찾아갔다.

우리는 종종 '나는 누구인가?'라는 질문을 던진다. 그러나 그 답을 어디에서 찾아야 할지 모른 채 바쁘게 흘러가는 시간 속에서 길을 잃는다. 이때 해답은 단 하나다. 자기 자신에 대해 기록하는 것이다. 생각을 글로 남기는 것은 자기 자신을 이해하는 가장 확실한 방법이다. 매일의 경험과 감정을 정리하다 보면 무엇이 나에게 중요한지, 무엇을 원하는지 분명해진다. 삶은 흐르는 강물처럼 변하지만 기록은 그 흐름 속에서 나만의 방향을 찾게 해 준다.

글을 쓰는 것은 단순한 표현이 아니다. 그것은 자기 자신을 만들어 가는 과정이다. 마치 매일 쌓아 올린 벽돌이 단단한 집을 완성하듯 하루하루의 기록이 모여 나만의 철학과 가치관을 만들어 낸다. 글을 쓰는 동안 우리는 자신을 돌아보고, 성장하고, 변화한다. 그 변화는 결국 우리가 원하는 방향으로 나아가게 만든다.

많은 사람이 "나는 글을 잘 못 써서…"라며 일기 쓰기를 주저한다. 그러나 중요한 것은 문장의 완벽함이 아니라, 기록하는 행위 그 자체다. 서툴러도 괜찮다. 처음에는 단순한 감정의 메모일 수도 있고 하루를 돌아보는 짧은 문장일 수도 있다. 하지만 그것이 쌓이면 어느 순간 자기 자신이 얼마나 변화하고 성장했는지 발견하게 된다.

마음에 새겨 보세요

위기는 변화가 필요하다는 신호

삶은 언제든 다시 시작할 수 있다.
그대가 과거에 본 것들을 새롭게 바라보라.
이것이 삶을 다시 시작하는 방법이다.

— 마르쿠스 아우렐리우스, 《명상록》

우리는 살면서 크고 작은 위기를 마주한다. 예상치 못한 실패, 인간 관계의 단절, 갑작스러운 변화 속에서 길을 잃고 주저앉고 싶을 때가 있다. 하지만 마르쿠스 아우렐리우스는 인생의 위기는 끝이 아니라 새로운 시작을 알리는 순간일 수 있다고 말한다.

여기서 중요한 것은 우리가 그것을 어떻게 바라보느냐다.

우리가 절망에 빠지는 이유는 대개 '이제 모든 것이 끝났다'는 생각 때문이다. 하지만 위기란 본질적으로 우리에게 변화를 요구하는 신호다. 과거의 방식에만 머물러 있으니 답답하고 막막해지는 것이다. 아우렐리우스는 이때 관점을 바꿔 보라고 조언한다. 지금까지 당연하게 여겼던 것들, 실패라 믿었던 경험을 다른 시선으로 바라보는 것이다. 위기를 새로운 기회로 바꿀 가능성은 언제나 존재한다.

같은 상황이라도 보는 관점에 따라 전혀 다른 의미를 띨 수 있다. 똑같은 풍경도 바라보는 각도에 따라 전혀 다르게 보인다. 실패한 경험이 새로운 배움의 기회가 될 수도 있고, 관계의 단절이 더 건강한 관계로 나아가는 계기가 될 수도 있다.

위기의 순간 우리에게 필요한 것은 상황을 새롭게 해석하는 힘이다. 같은 문제라도 새로운 각도에서 보면 전혀 다른 길이 보인다.

우리에게 필요한 것은 엄청난 행운도, 완전히 새로운 환경도 아니다. 지금 우리가 보고 있는 세상을 다르게 바라보는 것이야말로 새로운 출발의 시작이다.

마음에 새겨 보세요

단순하게 살아라

道常無名 樸 雖小 天下莫能臣也(도상무명 박 수소 천하막능신야)
도(道)는 항상 이름이 없고, 소박하다.
그것은 비록 작아 보이지만 천하의 그 무엇도 그것을 부릴 수 없다.
— 노자, 《도덕경》 32장

노자는 단순하게 살아야 한다고 말했다. 여기서 단순한 삶이란 무조건 적게 가지는 것이 아니다. 본질적인 것만 남기고 불필요한 것을 버리는 것이다. 불필요한 걱정을 줄이고, 필요 없는 관계를 정리하며, 진짜 원하는 삶에 집중하는 것이 바로 단순한 인생이다.

사실 우리가 정말 원하는 것은 물질이 아니라 평온함이며, 성공이 아니라 의미 있는 삶이다. 돈, 명예, 지위는 언젠가 사라지지만 인생의 본질을 건드린 경험들은 오랫동안 남는다. 가족과의 시간, 나를 성장시키는 배움, 타인과의 진실한 관계야말로 인생에서 진짜 추구해야 할 본질들이다.

또한 단순함은 더 높은 성공에 도움이 되기도 한다. 불필요한 고민과 비교를 버리고, 정말 중요한 것에 집중할 때 우리는 더 의미 있는 결과를 만들어 낼 수 있다. 복잡한 생각과 과한 욕심은 결정을 흐리게 하지만, 본질적인 것에 집중하면 오히려 더 명확한 판단을 내릴 수 있다.

애플의 창업자 스티브 잡스는 "단순함이 궁극적인 정교함"이라고 말했다. 그는 불필요한 기능을 제거하고 핵심에 집중함으로써 세상을 바꾸는 혁신적인 제품을 만들었다.

결국 단순한 것이 가장 강하고, 본질적인 것만이 끝까지 남는다. 우리 삶도 마찬가지다. 복잡한 욕망을 좇지 말고, 진짜 중요한 것에 집중하라. 더 적게 가질수록 더 많은 것을 얻게 된다. 삶이란 결국 불필요한 것들을 하나씩 덜어내면서 인생의 본질을 찾아가는 과정이다.

마음에 새겨 보세요

멈추지 못하는 마음에는 행복이 머물지 않는다

욕망, 쾌락, 두려움에 이끌리는 마음이 있는 한
행복은 불가능하다.

— 조지 산타야나, 《이성의 삶》

요즘 사람들은 쉬지 않고 바쁘게 살아간다. 해야 할 일도 많고, 보고 들어야 할 것도 끝이 없다.

스마트폰 알림은 하루 종일 울리고, 영상과 뉴스는 쉴 틈 없이 쏟아진다. 이 모든 것이 나를 더 나은 삶으로 이끌어 줄 것 같지만, 정작 마음은 점점 지치고 불안해진다. 자꾸만 뭔가 놓치고 있는 것 같고, 어디에 있어도 만족스럽지 못한 느낌이 든다.

그 이유는 잠시도 마음을 멈추지 못하기 때문이다. 더 많이 가지려는 욕심, 즐거움을 놓치지 않으려는 집착, 실수하거나 실패할까 봐 생기는 두려움이 계속해서 나를 자극한다. 이런 자극은 처음엔 흥미롭지만 금방 시들해지고, 결국 더 강한 자극을 찾아 나서게 된다.

외부의 자극에만 시선이 쏠리면, 정작 진심으로 행복을 느끼기는 점점 더 어려워진다. 행복은 좋은 일이 생겼다고 해서 자동으로 생기는 감정이 아니다. 마음에 여유가 있어야 비로소 느낄 수 있다. 생각할 틈도 없이 바쁘게 움직이는 삶 속에서는, 좋은 일이 생겨도 그게 얼마나 소중한지 느낄 겨를조차 없다.

지금은 정보가 넘쳐나는 시대다. 하지만 많은 정보를 안다고 해서 마음이 편해지는 건 아니다. 오히려 생각할 시간, 느낄 시간은 줄어들고, 계속 무언가를 해야 할 것만 같은 압박이 커진다. 그렇게 되면 나 자신이 진짜 무엇을 좋아하는지도 모르게 되고, 결국 행복도 점차 멀어진다.

멈추지 못하는 마음은 결국 스스로를 더 지치게 만든다. 반대로, 잠시 멈추고 나를 돌아볼 수 있을 때 비로소 행복이 시작된다. 하루 중 몇 분만이라도 멈춰 보자. 핸드폰을 내려놓고, 조용한 음악을 듣거나, 그냥 창밖을 바라보는 시간이어도 괜찮다. 그 짧은 멈춤이 쌓이면, 어느 순간 마음 안에 조용한 기쁨이 자리 잡는다. 그것이 바로 진짜 행복이다.

마음에 새겨 보세요

작고 꾸준한 행동이 인생을 바꾼다

잘 행해진 일이 잘 말해진 것보다 낫다.

— 벤저민 프랭클린, 《가난한 리처드의 달력》

요즘은 다들 말이 많다. SNS만 봐도 그렇다. "이제 운동 시작할 거야", "올해는 꼭 책 50권 읽는다", "이번 달엔 절대 지각 안 해!" 같은 말들이 하루에도 수없이 올라온다. 하지만 시간이 지나 보면, 그중 실제로 실행된 건 얼마 되지 않는다. 말은 쉽고, 꾸준히 행동하는 건 어렵기 때문이다.

회사에서도 마찬가지다. 회의 시간에 멋지게 말하는 사람보다 회의 내용을 실제 업무에 반영하고 실행하는 사람이 더 인정받는다. 맡은 일을 묵묵히 처리하는 동료, 고객에게 먼저 연락하고 약속을 지키는 직원, 주어진 일정을 꾸준히 지켜내는 상사는 말보다 실천으로 신뢰를 얻는다.

우정이나 사랑에서도 마찬가지다. "널 믿어", "널 위해 뭐든 할게"라는 말보다, 정말 힘들 때 곁에 있어 주는 조용한 행동이 더 깊게 다가온

다. 말은 순간의 감동을 줄 수 있지만, 행동은 그 감동을 오래 지속시
킨다. 결국 말은 기억에서 사라지지만, 행동은 마음에 남는다.

프랭클린의 말처럼, 우리의 진짜 모습은 말이 아니라 행동에서 드러
난다. 하루 동안 물 한 잔 더 마시는 습관, 10분 일찍 일어나 책을 읽
는 실천, 해야 할 일을 미루지 않는 선택들이 있다. 이런 작고 꾸준한
행동들이 결국 인생을 바꾼다.

오늘 하루를 돌아보자. 내가 한 말과 행동 중에서 어느 쪽이 진짜 나를
보여 줬는가? 결국 삶을 바꾸는 건 말이 아니라, 반복적인 행동이다.

마음에 새겨 보세요

배우면서 성장하는 인생

學不可以已 靑 取之於藍 而靑於藍(학불가이이, 청 취지어람, 이청어람)
배움은 멈출 수 없다.
청색은 쪽풀에서 나왔지만 쪽풀보다 더 푸르다.

— 순자, 《순자》〈권학편〉

순자는 끊임없이 배우려는 사람이 인생에 더 큰 발자취를 남긴다고 말한다.

우리는 흔히 "저 사람은 원래 똑똑해", "나는 그럴 만한 배경이 안 돼"라며 스스로 한계를 규정짓는다. 그러나 진짜 한계는 타고난 재능이 아니라, 배우려는 자세에서 갈린다. 쪽에서 나온 푸른빛이 쪽보다 더 푸르듯, 끊임없이 배우고 실천하는 사람은 결국 자신의 재능을 넘어선다.

배움은 거창한 것이 아니다. 직접 부딪치고, 실패를 겪고, 그 속에서 멈추지 않고 한 걸음씩 나아가는 일이다. 매일 한 줄을 읽고 한 가지를 묻고 한 번 더 시도하는 일상의 반복이 인간을 가장 푸르고 빛나게 만든다.

진짜 배움은 겸손한 마음에서 시작한다. 자신이 모든 것을 안다고 생각하는 순간 성장은 멈춘다. 반면, 항상 배울 것이 있다고 여기는 마음은 끊임없이 자신을 앞으로 나아가게 한다. 화려한 학벌이나 타고난 재능보다 중요한 것은 배우고자 하는 태도와 그것을 지속하는 힘이다.

결국 우리의 색은 타고난 것이 아니라 스스로 만들어 가는 것이다. 쪽보다 더 푸른 청(靑)처럼, 누구나 자신을 넘어서 성장할 수 있다. 학벌과 배경은 출발선일 뿐이다. 진짜 인생의 승부는 배우고자 하는 자세와 그것을 이어 가는 꾸준함에 달려 있다.

마음에 새겨 보세요

모른다고 말할 수 있는 용기

子曰 由 誨女知之乎 知之爲知之 不知爲不知 是知也
(자왈 유 회여지지호 지지위지지 부지위부지 시지야)
아는 것을 안다고 하고 모르는 것을 모른다고 하는 것이
진정 아는 것이다.

—공자, 《논어》 〈위정〉 17장

우리는 종종 알면서도 모르는 척하거나, 모르면서도 아는 척하며 살아간다. 그 이유는 자존심 때문일 수도 있고, 다른 사람의 시선을 의식해서일 수도 있다. 하지만 이런 태도는 결국 나 자신에게도, 주변 사람에게도 불편을 준다. 스스로를 숨기는 것이 습관이 되기 때문이다.

공자가 말했듯, 무언가를 모른다고 솔직히 말하는 데는 큰 용기와 겸손이 필요하다. 모른다고 인정하는 순간이 바로 배움이 시작되는 지점이기 때문이다.

직장에서 누군가 중요한 질문을 했을 때 "모릅니다. 알아보고 말씀드리겠습니다"라고 말하는 사람이 있다면 그는 단순히 겸손한 것이 아니라 신뢰를 쌓는 사람이다. 아는 척하는 말보다 모른다고 말하는 정

직함이 오히려 사람의 마음을 움직인다. 그리고 모른다고 인정할 때 누군가가 가르쳐 줄 수 있고, 그 순간 배움의 문이 열린다.

솔직함이 때로 불편하지만, 그 솔직함이 나를 드러내고 성장의 기회를 만들어 낸다. 이건 자신에게도 마찬가지다.

우리는 종종 내면의 약점이나 부족함을 인정하기 두려워한다. 하지만 자신을 속이는 태도는 결국 더 큰 불안을 낳을 뿐이다. 자신에게 솔직해질 때 진정한 성장과 변화가 시작된다. 그래서 공자는 우리가 진짜로 무엇을 알고, 무엇을 모르는지 자신에게 솔직해져야 한다고 가르쳤다.

오늘 나 자신에게 질문해 보자.

"나는 정말 아는 것을 안다고, 모르는 것을 모른다고 말할 용기가 있는가?"

마음에 새겨 보세요

나는 나의 선택으로 만들어진다

우리가 훌륭한 사람 혹은 나쁜 사람이 된다면,
훌륭하거나 나쁜 사람이 되는 것도 우리에게 달려 있다.

— 아리스토텔레스, 《니코마코스 윤리학》

우리는 날마다 다양한 선택을 하면서 살아간다. 아침에 어떤 옷을 입을지, 출근길에 어떤 음악을 들을지, 작고 사소한 선택들이 일상을 채운다. 그러나 때로는 인생을 바꿀 만큼 중요한 결정을 내리기도 한다. 어떤 직업을 택할지, 누구와 함께할지, 어떤 삶의 방향을 선택할지가 그렇다.

이러한 선택들은 결국 '나'라는 사람을 만들어 낸다. 우리는 종종 "나는 이런 사람이야"라고 말하지만, 사실 나를 정의하는 것은 말이 아니라 행동이며, 행동을 이끄는 선택이다. 아리스토텔레스는 인간의 성품이 단번에 만들어지는 것이 아니라, 반복된 선택과 행동의 결과라고 보았다.

어떤 선택을 반복하느냐에 따라 그것은 습관이 되고, 그 습관이 모여 성격이 되며, 성격은 결국 삶의 방향을 결정짓는다.

이익을 위해 거짓말을 반복하는 사람은 점점 거짓말이 익숙해지고, 결국 거짓을 일삼는 사람이 된다. 반대로 정직함을 반복해 온 사람은 자연스럽게 '정직한 사람'으로 자리 잡는다.

삶의 크고 작은 선택은 모두 나를 구성하는 조각이다. 그리고 그 선택의 주체는 언제나 나 자신이다. 내가 누구인지는, 결국 내가 지금까지 어떤 결정을 해 왔는지를 보면 알 수 있다.

"나는 어떤 사람인가?"

이 질문에 대한 답은 이미 내가 내린 수많은 선택 속에 담겨 있다. 그리고 앞으로 어떤 선택을 할 것인지에 따라 나는 더 나은 내가 될 수도, 그렇지 않을 수도 있다. 오늘의 선택이 내일의 나를 만든다. 당신이 내리는 결정 하나하나가 곧 당신 자신이다.

마음에 새겨 보세요

하루하루 정신없이 바쁘기만 하다면

人有不爲也 而後可以有爲(인유불위야 이후가이유위)
사람은 하지 말아야 할 것이 있어야 비로소 할 수 있는 것이 있다.

—맹자, 《맹자》〈이루 하〉

우리는 지식과 정보를 너무나 쉽게 얻을 수 있는 시대에 살고 있다. 그리고 이 모든 정보는 우리에게 무언가를 하나라도 더 해 보라고 말한다. 책을 더 읽으라고 하고, 운동을 더 하라고 하고, 돈을 더 벌라고 한다. "지금 시작만 하면 당신도 달라질 수 있다"고 끊임없이 다그친다.

물론 이런 정보들이 도움이 될 수도 있지만 문제는 너무 많은 정보가 우리를 끊임없이 자극하면서, 지금 이 순간의 나를 불만족스럽게 느끼게 만든다는 점이다. 결국 우리는 무엇을 더 해야 할지에 대한 강박 속에 살게 된다. 끝없는 '해야 할 일 목록' 속에서 숨 가쁘게 살아가게 된다.

진짜 문제는 인생에 계속해서 무언가를 더하기만 하다 보면 정작 중요한 것을 위한 시간은 줄어든다는 점이다. 그래서 우리는 인생에서 '불필요한 것'을 줄이는 연습을 해야 한다. 때로는 의미 없는 인간관계를 정리하고, 소모적인 습관을 버려야 한다. SNS 사용을 줄이고, 남들이 기대하는 삶이 아니라 내가 원하는 삶에 집중해야 한다. 공부할 때도 마찬가지다. 정말 중요한 핵심을 파악하고 거기에 집중해야 더 나은 결과를 얻을 수 있다.

인생의 성취는 '더하기'가 아니라 '빼기'에서 시작된다. 덜어내지 않으면, 우리는 끊임없이 '바쁘기만 한 사람'이 된다. 많은 일을 하는 것처럼 보이지만, 정작 깊이 있는 성취를 이루지 못한다. 하루하루 정신없이 바쁘게 살지만 몇 년이 지나도 인생에 큰 변화가 없다면 우리는 어쩌면 불필요한 것들에 에너지를 낭비하고 있는지도 모른다.

인생에서 더 많은 것을 이루고 싶다면 자신에게 물어보라.

"무엇을 버릴 것인가? 무엇을 포기해야 진짜 중요한 것에 집중할 수 있는가?"

마음에 새겨 보세요

생각에 집중할수록 삶은 자유로워진다

우리 자신의 생각을 제외하면
절대적으로 우리 권한 안에 있는 것은 없다.

—데카르트, 《성찰》

사람은 자기가 무슨 생각을 하는지 잘 모를 때가 많다. 겉으론 괜찮은 척하며 바쁘게 지내지만, 마음속에서는 수많은 말이 떠오른다. "이건 내가 부족해서야", "나는 왜 이렇게 안 되는 걸까", "다들 나보다 앞서가고 있어." 그런데 이런 생각들을 그냥 흘려보내면 나도 모르게 그 말들이 나를 조종하기 시작한다.

하루를 돌아볼 때 중요한 건, 내가 무엇을 했느냐보다 무슨 생각을 반복하고 있었느냐다. 마음속 말버릇은 내가 삶을 바라보는 방식으로 자리 잡는다. "이건 안 될 거야"라는 말은 현실보다 먼저 한계를 만들고, "나는 원래 이런 사람이야"라는 말은 변화를 가로막는다. 반대로 "지금 이렇게 느낄 수도 있어"라고 말해 주면, 감정은 자연스럽게 흘러간다.

내면에 집중한다는 건 혼자만의 세계에 갇히는 것이 아니다. 오히려 더 선명하게 깨어 있는 상태다. 지금 내 안에 어떤 감정이 지나가는지, 무슨 생각을 반복적으로 하는지 가만히 바라봐야 한다. 그렇게 내 안의 흐름을 자주 들여다보면 말에 휘둘리지 않고 중심을 잡을 수 있다. 자유는 나를 보는 힘에서 시작된다.

마음이 복잡한 날, 꼭 거창한 해결책이 필요한 건 아니다. 그저 가만히 앉아서 스쳐 가는 생각들을 바라보면 된다. 그것만으로도 삶은 조금 덜 흐트러지고, 조금 더 나에게 가까워진다. 생각을 지켜보는 일은 나를 지키는 일이다. 그리고 그건 누구에게도 빼앗기지 않는 자유다.

거창한 의미가 없어도 괜찮다

반항한다. 고로 나는 존재한다.

— 알베르 카뮈, 《반항하는 인간》

카뮈는 세상은 우리에게 왜 살아야 하는지, 어떻게 살아야 하는지에 대한 답을 주지 않는다고 말한다.

아침에 일어나 학교나 직장에 가고, 열심히 일하고 노력하며 살아도 그게 왜 중요한지에 대해 세상은 설명해 주지 않는다. 그래서 사람들은 "나는 왜 사는 걸까?", "이렇게 살아서 뭐가 달라질까?"라는 질문을 품는다. 여기서 카뮈는 세상이 아무 의미도 주지 않기 때문에 우리는 오히려 더 자유롭게 살아갈 수 있다고 말한다.

의미가 없다는 말은, 우리가 어떤 것에도 얽매일 필요가 없다는 뜻이다. 지금 그렇게 중요하다고 믿었던 돈, 사회적 지위 같은 것들도 사실은 절대적 의미를 갖지 않을 수 있다는 사실을 마주하게 된다.

그렇게 우리는 꼭 성공해야 한다는 압박에서 벗어날 수 있고, 실패를 두려워하지 않을 수도 있다. 행복하지 않다고 해서 불행할 이유도 없다. 무언가를 반드시 이뤄야 한다는 부담을 내려놓으면 오히려 더 가볍고 자유로운 삶을 살 수 있다.

중요한 건 이 순간 내가 살아 있음을 느끼는 것이다. 그 느낌, 경험, 감정은 모두 진짜다. 이것이 바로 카뮈가 말하는 무의미에 대한 반항이다. 어떤 목표를 이루기 위해서만 사는 것이 아니라, 하루하루를 소중히 여기는 것이다. 햇살 좋은 날 따뜻한 커피를 마시는 것, 가족과 함께 웃는 것, 좋아하는 음악을 듣는 것 그 자체를 즐긴다. 바로 그런 사소한 순간들을 온전히 살아내는 것이 바로 '반항하는 삶'이다.

인생에 꼭 거창한 의미가 없어도 괜찮다. 그냥 살아가는 것 자체가 우리가 할 수 있는 가장 큰 용기이자 무심한 세상에 던지는 가장 강한 대답이다.

마음에 새겨 보세요

우리는 완성되지 않는다, 다만 다시 시작할 뿐

인간은 죽기 위해 태어난 것이 아니라
시작하기 위해 태어났다.

— 한나 아렌트, 《인간의 조건》

우리는 어릴 적부터 인생은 무언가를 꼭 이루어야만 하는 여정이라고 주입받는다. 학교를 졸업하고, 직장을 얻고, 가정을 꾸리고, 집을 마련하는 등 주어진 목표들을 반드시 달성해야 한다고 배워 왔다. 그런 생각으로 살다 보면 인생을 마치 '완성해야 할 과제'처럼 오해하기 쉽다.

하지만 인생은 어떤 지점에 도착하기 위한 여정이 아니라, 그때그때 우리에게 새로운 기회를 건네는 과정이다. 새로운 공부를 시작하고 싶을 때, 새로운 관계를 맺고 싶을 때 우리는 종종 이렇게 묻는다.

"지금은 너무 늦은 건 아닐까?"

하지만 늦었다는 감각은 대부분 마음이 만들어 낸 착각이다. 정말 중요한 것은 타이밍이 아니라, 지금 시작하겠다는 의지다. 나이도, 직업도 상관없다. 누구에게나 다시 시작할 힘은 남아 있다. 그것이 바로 인간만이 가진 특별한 능력이다.

잘 사는 삶이란 무언가를 다 이루어 놓은 완벽한 그림이 아니다. 오히려 언제든 새롭게 선을 그릴 수 있는 용기, 이미 그린 것을 지우고 다시 그리는 마음이다. 다시 시작하는 그 마음이야말로 인생을 살아가게 만드는 힘이다.

지금 당신 앞에 어떤 선택이 있든 '다시'라는 말을 두려워하지 말아야 한다. 다시 시작한다는 건 실패가 아니라, 살아 있다는 증거이며 인간이 가진 가장 용감한 능력이다. 그 용기 있는 시작들이 모여 진짜 나다운 삶을 만들어 간다.

마음에 새겨 보세요

소유보다 누릴 줄 아는 삶

행복은 많이 가지는 데 있지 않고,
기쁘게 누리는 데 있다.

—에피쿠로스, 《바티칸 단편집》 제9조

당신이 가장 행복했던 순간은 무엇을 '가졌을 때'였는가, 아니면 '기쁨을 누리는 때'였는가?

재산이 많다고 해서 마음까지 넉넉해지는 건 아니다. 오히려 많이 가질수록 더 많은 걱정이 따라온다. 잃을까 봐 불안하고, 더 좋은 것을 가진 사람과 비교하면서 자꾸만 부족함을 느끼게 된다. 반면 어떤 사람은 많이 갖지 않아도 그 안에서 즐거움을 찾는다. 아침 햇살을 느끼며 따뜻한 커피를 마시는 순간, 사랑하는 사람과 나누는 짧은 대화 속에서 만족을 느낀다. 그게 바로 '누릴 줄 아는 사람'이다.

에피쿠로스는 쾌락을 중요하게 여긴 철학자였지만, 값비싼 음식이나 더 많은 소유에서 오는 쾌락이 아니다. 오히려 그는 어느 상황에서든 만족할 줄 아는 기쁨을 더 소중히 여겼다. 중요한 건 무엇을 갖고 있느냐가 아니라 그것을 얼마나 진심으로 즐기느냐다.

요즘은 남들과 비교하기 쉬운 시대다. SNS를 켜면 누구는 해외여행 중이고, 누구는 새 차를 자랑한다. 그걸 보며 우리는 자꾸만 '내가 가진 건 별거 아니야'라고 느끼게 된다. 하지만 행복은 밖에 있는 무언가가 아니라, 깨어 있는 마음으로 지금을 누릴 수 있는 내 안의 힘이다. 지금 이 순간, 당신은 무엇을 누리고 있는가. 커피 한잔의 따뜻함, 아이의 웃음소리, 햇살이 비치는 창가 등 내가 누릴 수 있는 것들은 많다. 이런 작고 평범한 것들이야말로 삶을 가장 깊고 풍요롭게 만들어 준다.

마음에 새겨 보세요

자유로운 인생을 위하여

일시적인 안정을 얻기 위해 본질적인 자유를 포기하는 사람들은
자유도 안정도 가질 자격이 없다.

— 벤저민 프랭클린, 《벤저민 프랭클린 자서전》

누구나 자유롭게 살고 싶다고 말한다. 눈치 보지 않고 말하고, 하고 싶은 일을 하며, 나답게 살아가길 꿈꾼다. 하지만 문득 이런 생각이 들 때가 있다. 정말 나는 자유롭게 사는 걸까? 혹시 편안함과 안정이라는 이름 아래, 중요한 것을 조금씩 포기하고 있는 건 아닐까?

자유롭게 산다는 건 과연 어떤 삶일까?

진정한 자유는 무한한 선택지와 아무 제약 없는 상태를 의미하지 않는다. 오히려 자유는 선택한 삶의 결과를 스스로 책임지는 태도에서 나온다. 누구나 원하는 일을 상상할 수 있지만, 실제로 그것을 삶 속에서 구현해 내려면 결심과 책임감이 필요하다.

책임이 빠진 자유는 결국 타인의 기준에 의존하게 되고, 그 순간 우리는 더 이상 스스로의 주인이 되지 못한다.

자유는 또한 용기를 요구한다. 말할 용기, 다르게 살아갈 용기, 타인의 기대에서 벗어나 자신만의 방향을 선택할 용기다. 사람들은 때로 그런 나를 이해하지 못할 것이고, 외로움이 따를 수도 있다. 하지만 그러한 불편함을 감수하는 것만이 진정한 자유를 가능하게 한다. 자유는 편안함 속에서 피어나는 것이 아니라, 내면의 진실에 충실할 때 비로소 살아나는 감각이다.

자유롭게 산다는 건 결국 삶의 방향키를 다시 내 손에 쥐는 일이다. 누군가가 정해 준 기준이 아니라, 나의 목소리로 선택하고 결정하는 과정 속에 진정한 자유가 있다. 그 선택이 쉽지는 않겠지만 그 안에 비로소 살아 있다는 감각과 만족이 깃든다.

마음에 새겨 보세요

행동이 없으면 변화도 없다

좋은 정신을 갖는 것만으로는 충분하지 않다.
그것을 잘 사용하는 것이 중요하다.

—데카르트, 《방법서설》

요즘은 똑똑한 사람이 많다. 책도 많이 읽고, 강의도 듣고, 지식도 풍부하다. 그런데 이상하게도 그런 사람일수록 아는 것은 많은데 인생에서 생각보다 성취가 없는 경우가 많다.

아는 건 많은데 행동으로 옮기지 않기 때문이다. 사실 아무리 좋은 생각을 해도 실천하지 않으면 아무 의미가 없다.

자기계발서를 20권쯤 읽은 사람이 있다. 많은 책에서 "아침 루틴이 중요하다", "매일 글을 써야 한다", "오늘의 목표를 기록하라"는 말이 반복된다. 그 사람은 그 모든 내용을 잘 알고 있다. 그런데 실제로는 아침마다 늦잠을 자고, 글 한 줄 써 본 적 없으며, 목표는 여전히 머릿속에만 남아 있다. 결국 20권을 읽었지만, 인생은 단 한 걸음도 앞으로 나아가지 않는다.

중요한 건 무엇을 아느냐가 아니라, 무엇을 하느냐. 지금 떠오른 생각이 있다면 당장 시작해 보자. 사소한 일이라도 좋다. 책을 한 장 펴는 것, 이메일을 하나 쓰는 것, 운동화를 신는 것, 그 무엇이라도 행동으로 옮겨 보자. 머릿속에만 있는 생각은 언제나 죽은 생각이다. 움직이는 순간부터 그것은 살아 있는 힘이 된다. 결국 인생을 바꾸는 건 거창한 계획이 아니라, 오늘 내가 해낸 단 하나의 행동이다.

바꿀 수 없는 것은 내려놓는 용기

행복에 이르는 길은 단 하나다.
중요한 것은 지금 나에게 있지 않은 것에 스스로를 얽매이지 않는 일이다.

— 에픽테토스, 《대화록》

살면서 우리는 수많은 일에 두려움을 느끼고 걱정한다. 하지만 그중 얼마나 많은 것이 정말 내 힘으로 바꿀 수 있는 것일까?

날씨가 나빠지면 기분이 가라앉는다. 타인의 평가에 자존감이 흔들린다. 경제가 불안하면 삶 전체가 위태로워질 것처럼 느껴진다. 남들이 나를 어떻게 생각하는지 신경 쓰느라 종일 마음이 어수선하다. 하지만 이러한 문제들은 내가 어떻게 할 수 있는 것이 아니다. 세상이 내 뜻대로 흘러가지 않는다는 사실을 받아들이지 않는 한, 우리는 끝없는 불안과 실망 속에서 살게 된다.

한마디로 통제할 수 없는 것에 매달리는 순간 우리는 불필요한 고통에 빠진다. 내 힘으로 바꿀 수 있는 것은 나의 태도와 선택뿐이다. 비가 오는 날에도 기분 좋게 책을 읽을지, 짜증을 낼지는 내 선택이다. 누군가가 나를 비난할 때 그것을 기분 나쁘게 받아들이고 상처받을지 혹은 무시하고 나아갈지도 내 몫이다. 내가 통제할 수 있는 것과 없는 것을 구분할 때 비로소 마음의 평온을 얻을 수 있다.

진정한 자유는 외부의 상황이 아니라, 그 상황에 대한 나의 태도에서 온다. 남들이 나를 어떻게 보는지, 세상이 나에게 유리하게 돌아가는지에 신경 쓰기보다, 내 삶을 스스로 선택하고 책임지는 것이 더 중요하다. 남이 나를 좋아하든 싫어하든, 세상이 나에게 불공평하든 상관없이 내가 어떻게 살아갈 것인지는 오직 나에게 달려 있다.

행복해지고 싶다면 통제할 수 없는 것에서 벗어나야 한다. 내 힘으로 바꿀 수 없는 일에 얽매이지 않는 것이야말로 행복으로 가는 가장 확실한 길이다. 인생의 무게를 가볍게 하고 싶다면 손에서 놓을 줄 알아야 한다. 남이 나를 어떻게 생각하든 내일 무슨 일이 벌어지든 결국 중요한 것은 지금 이 순간 내가 어떤 태도로 살아가느냐다.

마음에 새겨 보세요

도전하고 또 도전하라

인간은 극복해야 할 무엇이다.

—니체, 《차라투스트라는 이렇게 말했다》

인간은 그저 태어난 대로 살아가는 존재가 아니다. 인간은 자기 자신을 스스로 결정하고, 끊임없이 넘어서야 할 존재다. 하지만 대부분의 사람들은 변화보다 안정을 택한다. 익숙한 환경에 머무르며 자기 한계를 현실인 양 받아들인다.

그렇게 살면 편할지는 몰라도, 그것이 과연 진짜 삶일까? 인생은 도전의 연속이다. 어제의 나로 멈출 것인가, 아니면 오늘 다시 도전할 것인가. 대부분은 익숙한 길을 택한다. 실패에 대한 두려움, 타인의 시선에 대한 불안, 인정받지 못할까 하는 초조함 때문이다. 그러나 니체는 말한다.

"너는 너 자신을 초월해야 한다."

우리는 누구나 불완전하다. 그러나 그 불완전함을 정당화하는 대신 그것을 넘어설 방법을 찾을 때 삶은 달라진다. 한계를 받아들이고 그 한계를 넘어설 방법을 찾는 것이 인생이다.

도전은 아프다. 실패는 고통스럽다. 그러나 그 순간이야말로 가장 인간다운 시간이다. 포기하지 않고 한 걸음이라도 더 나아갈 때 우리는 어제의 나를 넘어설 수 있다. 고통을 피하려 하면 우리는 멈춘다. 하지만 고통을 직면할 때 우리는 성장한다.

니체가 말하는 극복이란 남과의 비교가 아니라, 어제의 나를 넘어서려는 태도다. 그래서 매일 한 걸음이라도 나아가려는 그 의지, 그것이 곧 자기 초월이다.

인간은 누구나 자신을 넘어야 할 존재다. 익숙함에서 벗어나고 두려움을 뚫고 고통을 감내해야만 삶은 앞으로 나아간다. 인간은 지금의 자신을 넘어서는 길 위에 있을 때만 살아 있다. 그 과정에서 비로소 진짜 자신이 된다.

마음에 새겨 보세요

어떻게 원하는 인생을 살 것인가

초판 발행　2026년 4월 29일

지은이　　양현길
펴낸곳　　다른상상
등록번호　제399-2018-000014호
전화　　　02)3661-5964
팩스　　　02)6008-5964
전자우편　darunsangsang@naver.com
ISBN　　　979-11-93808-51-1 (03190)

독자 여러분의 책에 관한 아이디어나 원고 투고를 설레는 마음으로 기다리고 있습니다.
이메일로 간단한 개요와 취지, 연락처를 보내주세요. 독자님과 함께하겠습니다.